いつからもらう？ 自分で選ぶ制度だから**知らないと損をする！**

2022年改正の新制度対応

【図解】
日本一
やさしい

年金の正解

家計再生コンサルタント　**横山光昭**

ONE PUBLISHING

はじめに

みなさんはどのような老後を思い描いていますか？
「自由な時間を使って趣味を楽しみたい」「これまでやりたくてもできなかったことに挑戦したい」「思いきって起業してみたい……」など、楽しいことを思い浮かべる反面、「今と同じような生活を続けられるだろうか」「好きなことをやれるだけのお金があるだろうか」「そもそも、年金はきちんともらえるのだろうか」など、老後の特に「お金」に不安を覚える方も多いでしょう。

生命保険文化センターが２０２２年に行った「生活保障に関する調査」によれば、老後の生活に不安を覚えるという人は実に82・2％にものぼるといいます。その大きな理由が、「公的年金だけでは不十分」（79・4％）だから。公的年金だけでは老後の資金にはとても足りないと考え、それが老後の不安材料になっているのです。

実際、年金の受給額は減少傾向にありますし、受給年齢も段階的に引き上げられています。たしかに、今や公的年金だけでは十分な生活を送ることはなかなか難しいかもしれません。ですが、公的年金は「亡くなるまで受け取れる保障」です。ですから、自分に合った最適の受け取り方を見つけながら自分の貯蓄とうまく組み合わせて生活する「ハイブリッド型」を目指していく必要があるのではないでしょうか。

２０２２年４月から順次行われている年金制度の改正で、年金の受け取り方の選択肢が広がりました。自分のライフスタイルに合わせて選べる反面、**「年金はいつから、どのようにもらうのが一番いいのか？」**がわかりにくくなっているのもまた事実です。本書では、そうした年金にまつわる悩みや、老後もお金に困らないための方法をわかりやすくポイントを絞ってまとめました。

●そもそも年金にはどのような種類があるの？
●年金っていくらくらいもらえるの？
●年金はいつからもらうのがいい？
●年金をできるだけ多くもらうにはどうすればいい？
●老後のお金はどのように管理していけばいい？
●一生お金に困らない暮らしをするには？

と考えるすべての方、ぜひ参考にしてください。知ると知らないでは大違いです。老後を安心して暮らすために、今からできることをやりましょう。私がお手伝いします！

２０２２年11月

横山光昭

もくじ

第2章 老後貧乏にならないために いますぐはじめてほしいこと

★本書に掲載している情報は2022年11月現在のものです。

第1章

これだけは知っておきたい年金の基本と新常識

老後のお金は「WPP」

働き方と2つの年金で考えるこれからの生き方

「WPP」の生き方とは？

かつて「人生80年」といわれた時代は、20年学び、40年働いて、残り20年の余生を過ごす20：40：20のライフプランが一般的でした。60歳の定年から65歳に年金が受給開始されるまでの5年間をしのげばなんとかなると考えられていたのです。

ですが、「人生１００年時代」といわれる今、事情は少し変わってきています。学ぶのは20年、働くのは10年長い50年。それでも先はまだ30年あります。20：50：30の時代です。現役時代を「攻めの時代」、老後を「守りの時代」と考えると、昔に比べて少なくとも10年は「守りの時代」が長くなっているといえるでしょう。

そこでポイントとなるのが、**「働く50年、つまり攻めの時代をどう過ごすか？」**です。

これからの生き方は、「ＷＰＰ」の生き方が重要になります。２０１８年に年金学会で提唱された考えで、働けるうちはできるだけ長く働き（Work longer）、私的年金（Private pensions）でつなぎながら、切り札として公的年金（Public pensions）を受給、という順序で生涯を生き抜きます。私的年金については後述しますが、預金や企業年金、iＤｅＣｏ、つみたてＮＩＳＡなど、個人で貯めた貯蓄全般をいいます。

老後は3期で考える

老後の人生を60～65歳〈1期〉、65～70歳〈2期〉、70歳以降〈3期〉に分けて考えると、1期はなるべく貯蓄や年金に頼らず働く。2期から少しずつ貯蓄を使い、終身で支給される公的年金は3期以降に繰下げて受給金額を増やすのが、もっとも効率的な方法です。

人によって寿命は大きく異なりますが、長生きが「リスク」と捉えられるようになった今、「定年後は年金で悠々自適な暮らし」は残念ながらまず望めません。老後の暮らし方に対する考え方をアップデートしましょう。

WPPとは？

Work longer=長く働く	60歳以降も働いて収入を得る
Private pensions=私的年金	貯蓄（預貯金、退職金、企業年金、iDeCo、個人年金保険など支払い期限や金額が決まっているもの）
Public pensions=公的年金	国民年金、厚生年金

WPPのイメージ

以前は……

現在は……

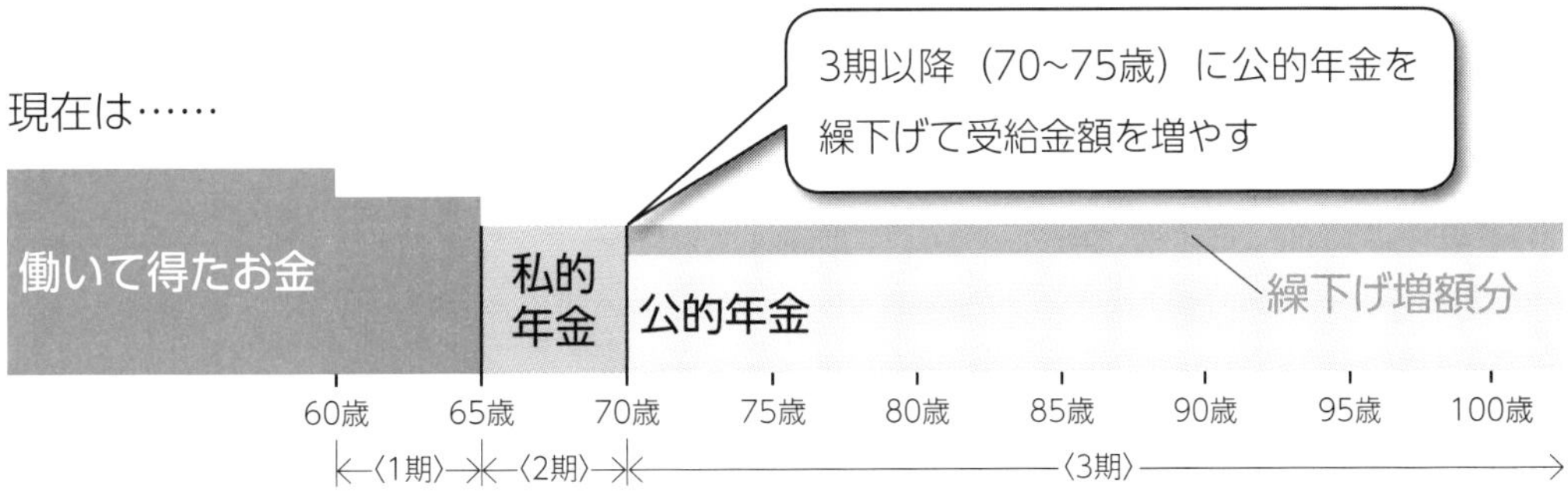

日本人の平均寿命

	1990年	→	2022年
女性	81.90歳	→	87.57歳
男性	75.92歳	→	81.47歳

100歳以上は9万人超　（1990年は厚生労働省「完全生命表」、2022年は「令和3年簡易生命表」より）

WPPのポイントはWork

長く働いて収入を得ることで、私的年金（貯蓄）の寿命を延ばすことができます。また、公的年金の繰下げで受給額を増やすこともできるので、長生きリスクにも備えられます。

そもそも「年金」ってどんなもの？

今の生活を守り、長生きリスクをカバーしてくれる保険

年金には3つの終身保障がある

そもそも「年金」は**長生きリスクをカバーしてくれる公的な「保険」の1つ**です。「いつか年金制度が破綻するのでは？」と心配する方もいるかもしれませんが、日本の年金制度は世界と比較しても悪くありません。5年に1度「財政検証」で現状の把握と見通しを立てつつ、社会や経済を見ながら毎年改定しているので制度が突然悪くなることはまずありません。少子化で年金を支える人が減少しているという話もありますが、実際にはやや減で安定しています。国が社会保障の加入枠を拡大したことで、働く高齢者や主婦が増え、年金保険料を納めるようになったからです。

ところで、年金には3つの終身保障があります。老後に支給される**「老齢年金」**のほか、ケガや病気などが原因で働けなくなったときの**「障害年金」**、一家の稼ぎ手（被保険者）が亡くなった際に支払われる**「遺族年金」**です。**いずれも生きている間ずっと支給されます**が、このような終身の商品はまずありません。自営業の方などが利用できる国民年金基金のプランに終身年金がありますが、受給額が小さいので収入の柱にはならないです。

支給額の目減りを気にする方もいるでしょう。個人単位で見ると減額し続けていますが、共働き家庭の増加で世帯単位では受給総額が増えているご家庭も多いです。家族がカバーし合うことで十分生活を送れる可能性もあるのです。

現役世代の所得との比較

最近は「所得代替率」が注目されています。所得代替率とは、年金が受給開始される65歳時点の年金額と現役世代（20～60歳まで）の手取り収入額（ボーナス込み）を比較した割合。２０１９年度の所得代替率は61・7％です。政府は所得代替率50％を維持するといっていますが、半分では心もとないので、やはり個人できちんと準備する必要がありそうです。

●公的年金3つの給付

老齢年金	本人が年をとったときの生活を支える保険。原則65歳以上の人が受け取れる
障害年金	本人が病気やケガで収入が得られなくなったり、収入が減ったときの保険
遺族年金	家計を支えていた人が死亡したとき、残された遺族に対する保険。その人によって生計を維持されていた遺族が受け取れる

●所得代替率の計算式

$$\text{所得代替率} = \frac{\text{夫婦の基礎年金+夫の厚生年金}}{\text{現役世代（男性）の平均手取り収入}}$$

モデル年金

公的年金は､｢モデル年金｣ をものさしとして使用。

モデル年金とは、夫が厚生年金に加入して平均的な男子賃金で40年間就業し、その配偶者が40年間にわたり専業主婦の夫婦である場合の２人分の基礎年金と夫の厚生年金の合計額のこと。

[2019年度]

(夫婦の基礎年金13万円＋夫の厚生年金9万円) ÷ 35.7万円＝61.7%

公的年金は社会保障制度

公的年金は国の社会保障制度です。会社員のNさん（30代男性）はうつ病を発症し、会社に通えなくなりました。傷病手当を1年6カ月受け取り、その後は障害2級に認定されたため、症状が変わらない限り、障害年金を受給することができます。

自分が受け取る年金の種類は？

公的年金（国民年金と厚生年金）と私的年金の違いを知る

公的年金は2階建て

最近は転職やフリーランスに転向など、働き方も多様化しているので、年金の受け取りも複雑になっています。では、年金の種類はどのようなものがあるでしょう？

年金には、大きく分けて**「公的年金」と「私的年金」の2種類**あります。

公的年金は国が運営する年金のことで、先にお話しした「ＷＰＰ」の２つ目の「Ｐ」（Public pensions）に当たります。「国民年金」と「厚生年金」の2階建てで構成されていて、働き方によって加入する年金が異なります。どちらも、**原則として65歳から受給**できます。

１階部分に当たるのが「国民年金」。「老齢基礎年金」「基礎年金」ともいい、20～60歳までの全国民は保険料の支払いが義務になっています。

２階部分に当たるのが「厚生年金」。会社員や公務員などが加入するものです。**厚生年金（老齢厚生年金）は国民年金に10年以上加入したうえで、加入期間1カ月以上**あれば受け取る資格があります。

公務員にはかつて「共済年金制度」がありましたが、２０１５年10月から厚生年金に制度が一本化されました。

１階部分の国民年金だけに加入しているのが、自営業、アルバイト、フリーター、学生、無職の方など（第1号被保険者）。基本的に**「老齢基礎年金」のみ**受け取れます。会社員や公務員など（第２号被保険者）は、国民年金と厚生年金を支払い、**「老齢基礎年金」と「老齢厚生年金」**が受け取れます。専業主婦（主夫）など、第2号被保険者に扶養されている配偶者（第3号保険者）は月々の保険料の支払いはありません。基本的に**「老齢基礎年金」のみ**受け取れます。

私的年金は、個人や企業で個別に加入する年金で、企業年金、年金払い退職給付、ｉＤｅＣｏ（個人型確定拠出年金）、つみたてＮＩＳＡ、国民年金基金、厚生年金基金などがあります。

●年金制度（3階建て）のイメージ

3階 **（私的年金）**	**iDeCo（個人型確定拠出年金）**→58ページ参照			
	国民年金基金 →56ページ参照	**企業年金(DB・DC)・** **厚生年金基金** →54ページ参照	**年金払い** **退職給付**	
2階 **（公的年金）** **終身**		**厚生年金（老齢厚生年金）** 会社員・公務員などが加入条件を満たすと原則65歳から受給できる →14ページ参照		
1階 **（公的年金）** **終身**	**国民年金（老齢基礎年金）** 日本国内に住む20歳以上60歳未満の人に加入が義務づけられている 条件を満たす全員が原則65歳から受給できる →14ページ参照			
	第1号被保険者	**第2号被保険者**		**第3号被保険者**
	自営業者、パート、学生など	会社員、一部のパート	公務員	専業主婦(夫)など第2号被保険者に扶養されている配偶者

1階と2階は、強制加入

年金制度のポイント

- 公的年金は、国民年金（老齢基礎年金）と厚生年金（老齢厚生年金）の2階建て。
- 国民年金と厚生年金は、終身年金。
- 第1号と第3号被保険者は国民年金のみ。
- 第2号被保険者は国民年金+厚生年金（老齢厚生年金）。
- 3階部分は、個人や企業による任意加入。

※「国民年金基金」は公的な年金制度で終身が基本だが、加入は任意。

厚生年金には国民年金が含まれる？

会社員・公務員などの方は、国民年金（老齢基礎年金）に老齢厚生年金が上乗せされます。この2つを合わせたものを「厚生年金」ということもあり、平均受給額などで示されるモデルケースの「厚生年金」も、国民年金を含んだ額です。

「国民年金」と「厚生年金」の保険料の違いは？

フリーランスと会社員・公務員によって異なる公的年金

国民年金と厚生年金は前述したように、どちらも公的年金です。

国民年金の保険料は一律

国民年金は**加入者の収入に関係なく月々支払う保険料は一律**。毎年、物価や賃金の変動率をもとに金額が決定されます（２０２２年度は1万６５９０円）。加入期間は60歳までか、加入期間40年間のいずれかです。たとえば専業主婦（第3号被保険者）の場合、60歳になり国民年金に40年加入していたら終了です。もし加入が40年未満なら自分で任意加入制度※を利用し、65歳までの間不足分の保険料を払うことができます（老齢基礎年金の繰上げ受給を受けていない、厚生年金に加入していないことが条件）。

厚生年金の保険料は会社と折半

一方、厚生年金は**収入によって支払う保険料が異なります**。毎月の保険料は、毎月の給与（標準報酬月額）と賞与（標準賞与額）に保険料率（18・３％）をかけて計算します。国民年金と大きく違うのは、雇用側が保険料を半分負担することです。つまり、自己負担は9・15％ということになります。国民年金に比べ、個人の負担が少ないです。給与明細などには「厚生年金保険料」と書かれていますが、国民年金の保険料も含まれます。

これまで従業員数５０１人以上の企業が厚生年金の対象でしたが、２０２２年10月から加入枠が大幅に拡大され、１０１名以上に（２０２４年10月からは51人以上の企業も対象）。２カ月以上働く見込み、月間賃金８万８０００円以上、週20時間以上勤務、学生ではないという条件を満たせば誰でも加入できるようになりました。さらに、60歳以降でも企業で働くことで、70歳まで厚生年金に加入できます。年金を受給していれば働いている間も年金額が見直され毎年厚生年金に反映されるので（繰下げ時は退職または70歳時に改定）、長く働けばその分年金額が増える仕組みです。

※任意加入制度については36ページ参照。また、条件を満たせば65歳以上70歳未満も可。

●公的年金の保険料と被保険者

被保険者※		公的年金	保険料	加入できる期間	受給資格と時期
第1号被保険者	自営業者、パート、学生など	国民年金（老齢基礎年金）	全額自己負担 所得に関係なく、一律月額 1万6590円（2022年度）	原則20歳から60歳になるまでの40年間（最大480カ月）	10年以上保険料を納めていると、原則65歳から受給できる。保険料納付期間と免除期間などを合わせて10年でも可
第2号被保険者	会社員、公務員、一部のパートなど	厚生年金（老齢基礎年金＋老齢厚生年金）	給与と賞与（標準報酬月額※＋標準賞与額）の18.3%を勤務先と折半。自己負担は9.15%	在職期間中で原則70歳になるまで	厚生年金保険（共済組合）に加入し、1カ月以上保険料を納めていると、原則65歳から国民年金（老齢基礎年金）に老齢厚生年金を上乗せされるかたちで受給できる
第3号被保険者	専業主婦(夫)など第2号被保険者に扶養されている配偶者	国民年金（老齢基礎年金）	なし	配偶者の在職期間中で60歳になるまで	配偶者が10年以上保険料を納めていると、原則65歳から受給できる

※被保険者……国民年金、厚生年金に加入し、実際に給付を受けることのできる人のこと。
※標準報酬月額……厚生年金保険料の計算の基礎となるもの。たとえば月額31万円以上33万円未満は32万とするなど32等級に分かれる。

夫が定年退職した専業主婦の妻の保険料は？

会社員の夫が60歳で定年退職して第2号被保険者ではなくなると、専業主婦の妻も第3号被保険者ではなくなります。妻が60歳を超え納付期間が480カ月未満の場合、任意加入制度を利用し、第1号被保険者として国民年金保険料を納めることができます。

「国民年金」と「厚生年金」の受給額は？

国民年金は基本一律、厚生年金は収入などによって異なる

国民年金の満額は年約78万円

国民年金と厚生年金は、いったいいくら支給されるのでしょうか？

国民年金の受給額は基本一律です。毎年改定が行われ、月額支給額が決まります。**２０２２年度は月額６万４８１６円**。前年度に比べて、０・４％引き下げられました（金額にして月額２５９円減）。

実際受け取れる金額は、保険料を支払った月数に比例します。20～60歳までの40年間、全４８０カ月間納付した場合は、満額の77万７８００円が受給できます。第1号被保険者で国民年金保険を支払っていない期間があると、**「未納期間」**となり、その分受給額は少なくなります。

ただし、保険料を支払えない事情がある場合、**「免除制度」**を利用することができます。免除期間は未納扱いにはなりません。免除には４段階（全額、４分の３、半額、４分の１）あり、それぞれ計算式が変わってきます。

厚生年金は人によって変わる

厚生年金の受給額は、現役時の収入（給与と賞与、２００３年３月までは給与のみ）や年金の加入期間、年度ごとに改定される年金額改定率などによって変わり、かなり複雑です（報酬比例部分）。基本的に保険料を多く納めた人のほうが多く受給できます。受給額は計算式で求めますが、２００３年（平成15年）３月以前と４月以降で異なるので分けて考えます。

ちなみに、２０２２年度の年金額は、夫が平均標準報酬額※43・９万円で40年間就業、妻は40年専業主婦の２人世帯というモデルケースの場合で、月額21万９５９３円（夫婦の老年基礎年金＋夫の老齢厚生年金）です。２０２１年度に比べると０・４％引き下げられました。

自分の正確な受給額を知りたい場合には、年金事務所などに相談すれば教えてもらえます。概算であれば22ページの「ねんきんネット」からだいたいの金額を割り出すことができます。

※2003年４月以降の平均月収（賞与も含む）。

●国民年金の受給額の計算式

$$\text{受給額}=\text{満額（77万7800円）}\times\frac{\text{納付月数}}{\text{480カ月}}$$

※最低期間の10年（120カ月）では、年額19万4450円。
※免除期間があると計算方法が変わる。
※満額は2022年度の数字。

●厚生年金（老齢厚生年金・報酬比例部分）の受給額の計算式

〈2003年3月以前〉

$$\text{受給額}=\text{平均標準報酬月額}\left(\frac{\text{給与の総額}}{\text{2003年3月までの加入月数}}\right)\times\frac{7.125}{1000}\times\text{2003年3月までの加入月数}$$

〈2003年4月以降〉

$$\text{受給額}=\text{平均標準報酬額}\left(\frac{\text{加入期間中の給与と賞与の総額}}{\text{2003年4月以降の加入月数}}\right)\times\frac{5.481}{1000}\times\text{2003年4月以降の加入月数}$$

●老齢厚生年金の受給目安（年額）

（万円）

平均年収（賞与含む）	加入年数						
	10年	15年	20年	25年	30年	35年	40年
300	16.4	24.6	32.8	41.1	49.3	57.5	65.7
400	21.9	32.8	43.8	54.8	65.7	76.7	87.6
500	27.4	41.1	54.8	68.5	82.2	95.9	109.6
600	32.8	49.3	65.7	82.2	98.6	115.1	131.5
700	38.3	57.5	76.7	95.9	115.1	134.2	153.4
800	43.8	65.7	87.6	109.6	131.5	153.4	175.3

※2003年4月以降の加入期間とした場合で試算

厚生年金は「ねんきんネット」で確認

厚生年金の計算は複雑で、保険料の支払額や期間によって受給額が変わります。必ずご自身の「ねんきん定期便」（50歳以上の方）や「ねんきんネット」（22ページ参照）で確認しましょう。

年金受け取りの基本パターン

世帯別、男女別に見た「厚生年金」「国民年金」の平均受給月額

パターン1

会社員の夫と専業主婦の妻の夫婦の例

繰下げ受給をすれば、最大184％まで増やすことができます

夫		妻		
厚生年金				
老齢厚生年金		国民年金		
老齢基礎年金	＋	老齢基礎年金	＝	**21万9593円**（★）

★令和4年度の額。平均的な収入（平均標準報酬（賞与含む月額換算）43.9万円）で40年間就業した場合に受け取りはじめる年金（老齢厚生年金と2人分の老齢基礎年金（満額））の給付水準です。（「日本年金機構」HPより）

パターン2

65歳以上の自営業の夫婦の例

夫婦ともに満額（令和4年度は6万4816円）なら12万9632円です。繰下げ受給をすれば最大184％まで増やすことができます

夫		妻		
国民年金		国民年金		
老齢基礎年金	＋	老齢基礎年金	＝	**11万3452円**（※）

パターン3

65歳以上の会社員（共働き）の夫婦の例

現在は会社勤めでなくても、過去に一定期間会社員として厚生年金に加入していれば、老齢厚生年金を受け取ることができます

夫		妻		
厚生年金		厚生年金		
老齢厚生年金		老齢厚生年金		
老齢基礎年金	＋	老齢基礎年金	＝	**27万9596円**（※）

パターン4

65歳以上の会社員の単身者の例

男性

厚生年金
老齢厚生年金
老齢基礎年金 ＝ **17万391円** (※)

60歳以降も厚生年金に入る働き方をすると、老齢基礎年金も満額に近づけることができます

女性

厚生年金
老齢厚生年金
老齢基礎年金 ＝ **10万9205円** (※)

60歳以降も厚生年金に入る働き方をすると、老齢厚生年金を増やすことができます

パターン5

65歳以上の自営業の単身者の例

男性

国民年金
老齢基礎年金 ＝ **5万9040円** (※)

付加年金で増やすことができます

女性

国民年金
老齢基礎年金 ＝ **5万4112円** (※)

60歳以降も国民年金の任意加入で、満額に近づけることができます

※パターン2〜5の金額は、厚生労働省「厚生年金保険・国民年金事業年報」(令和2年度版) より

これはあくまで目安です

ご紹介している金額は国が発表しているモデルや平均額です。働き方や収入、保険料の納付期間で、受給額が大きく変わるのはご説明してきたとおりです。ご自身の年金額は、次ページから紹介する「ねんきん定期便」や「ねんきんネット」で確認していきます。

自分の年金額を確認する①

「ねんきん定期便」でわかること

年金額の確認方法は3つ

では、実際に自分の年金受給額がいくらなのか、調べてみましょう。自分の現時点での年金額を知る方法は3つあります。**①「ねんきん定期便」を確認する、②「ねんきんネット」を確認する、③年金事務所に問い合わせる**、です。

「ねんきん定期便」は国民年金、厚生年金保険に加入している人（被保険者）宛に日本年金機構から、通常自分の誕生月にハガキで送られます。50歳未満と50歳以上で内容が異なります。共通なのは、直近1年間の情報。50歳未満の方にはこれまで支払った保険料納付額、年金加入期間、加入実績に基づく年金額、「ねんきんネット」へのアクセスキーが記載されています。今後保険料を支払うにつれて、将来受け取れる年金額も増えていきます。

50歳以上の方には、これまでの年金加入期間、今の収入で60歳まで働いた場合に**65歳から受け取れる年金見込み額**（老齢基礎年金と老齢厚生年金の合計額）、「ねんきんネット」へのアクセスキー、特別支給の老齢厚生年金の額（該当者のみ）が記載されています。

65歳以上の方には、65歳時点の年金加入実績に基づいた年金額が記されています。年金を受給しながら働いている人にもねんきん定期便は届くので「年金振込通知書」と照らし合わせてみましょう。

節目の年には封書で届く

35歳、45歳、59歳の方には、ハガキの代わりに封書が送られます。加入全期間の年金記録情報のほか、35歳、45歳の方はこれまでの加入実績に応じた年金額、59歳の方にはこれまでに納付した保険料の累計額や年金加入期間、老齢年金の種類と見込み額（年額）が、通常より詳しく記載されています。「ねんきん定期便」を紛失した場合は、ねんきんネットからダウンロードするか、専用番号に連絡すれば再送してもらえます。

●50歳未満の方の「ねんきん定期便」（令和4年度）

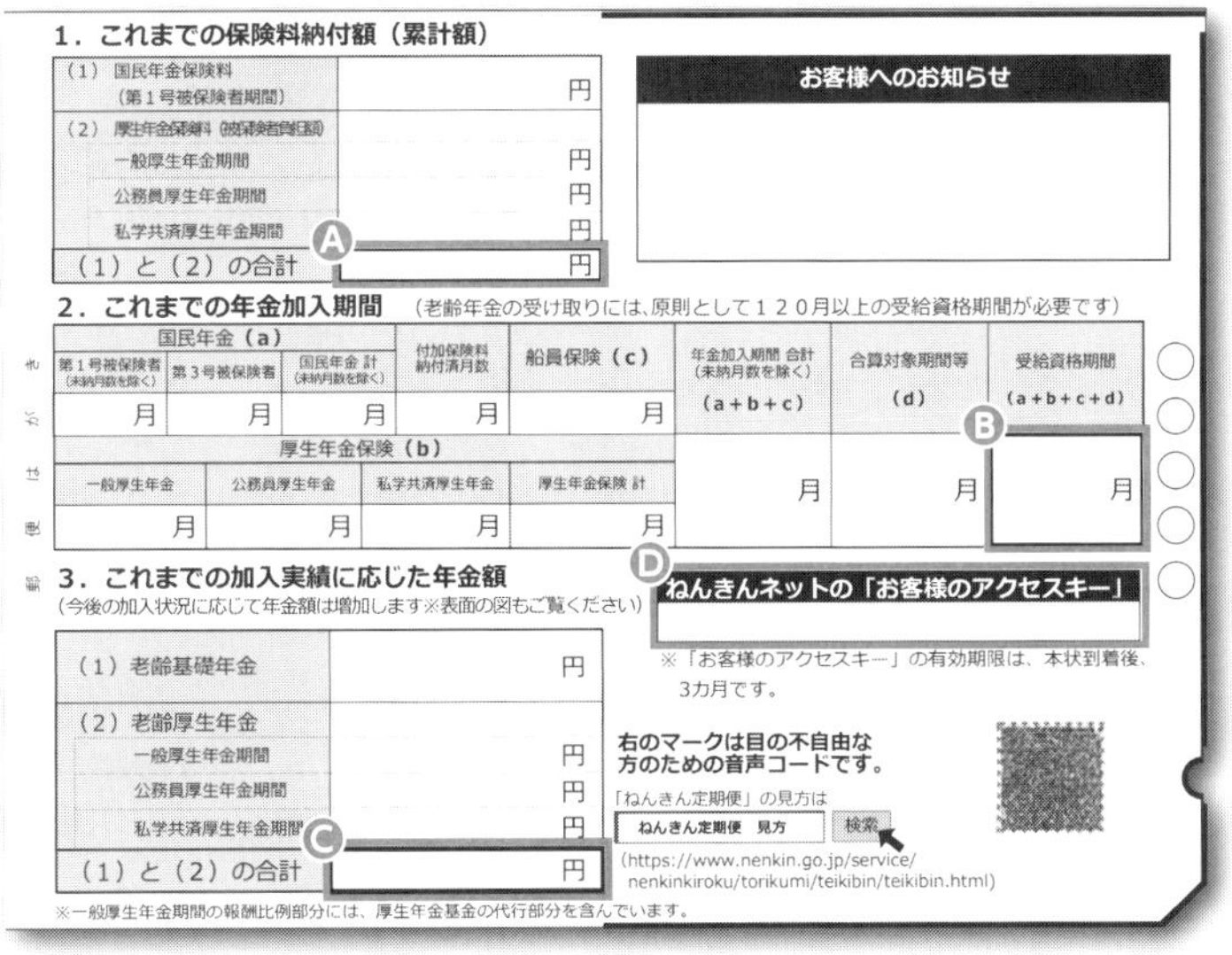

1．これまでの保険料納付額（累計額）

（1）国民年金保険料（第1号被保険者期間）	円
（2）厚生年金保険料（被保険者負担額）	
一般厚生年金期間	円
公務員厚生年金期間	円
私学共済厚生年金期間	円
（1）と（2）の合計 Ⓐ	円

お客様へのお知らせ

2．これまでの年金加入期間（老齢年金の受け取りには、原則として120月以上の受給資格期間が必要です）

国民年金（a）			付加保険料納付済月数	船員保険（c）	年金加入期間 合計（未納月数を除く）(a+b+c)	合算対象期間等 (d)	受給資格期間 (a+b+c+d)
第1号被保険者（未納月数を除く）	第3号被保険者	国民年金 計（未納月数を除く）					
月	月	月	月	月			
厚生年金保険（b）							
一般厚生年金	公務員厚生年金	私学共済厚生年金	厚生年金保険 計				
月	月	月	月		月	月	Ⓑ 月

3．これまでの加入実績に応じた年金額
（今後の加入状況に応じて年金額は増加します※表面の図もご覧ください）

（1）老齢基礎年金	円
（2）老齢厚生年金	
一般厚生年金期間	円
公務員厚生年金期間	円
私学共済厚生年金期間	円
（1）と（2）の合計 Ⓒ	円

Ⓓ ねんきんネットの「お客様のアクセスキー」
※「お客様のアクセスキー」の有効期限は、本状到着後、3カ月です。

右のマークは目の不自由な方のための音声コードです。
「ねんきん定期便」の見方は　ねんきん定期便　見方　検索
(https://www.nenkin.go.jp/service/nenkinkiroku/torikumi/teikibin/teikibin.html)

※一般厚生年金期間の報酬比例部分には、厚生年金基金の代行部分を含んでいます。

Ⓐこれまでの保険料納付額
（累計額）

Ⓑこれまでの年金加入期間
保険料の納付期間と免除期間などの合計が10年（120カ月）以上必要。

Ⓒこれまでの加入実績に応じた年金額
これまで支払った累計額に基づいて計算された年金額。今後支払う保険料は考慮されていない。

Ⓓアクセスキー
「ねんきんネット」の登録時に利用。

●50歳以上の方の「ねんきん定期便」（令和4年度）

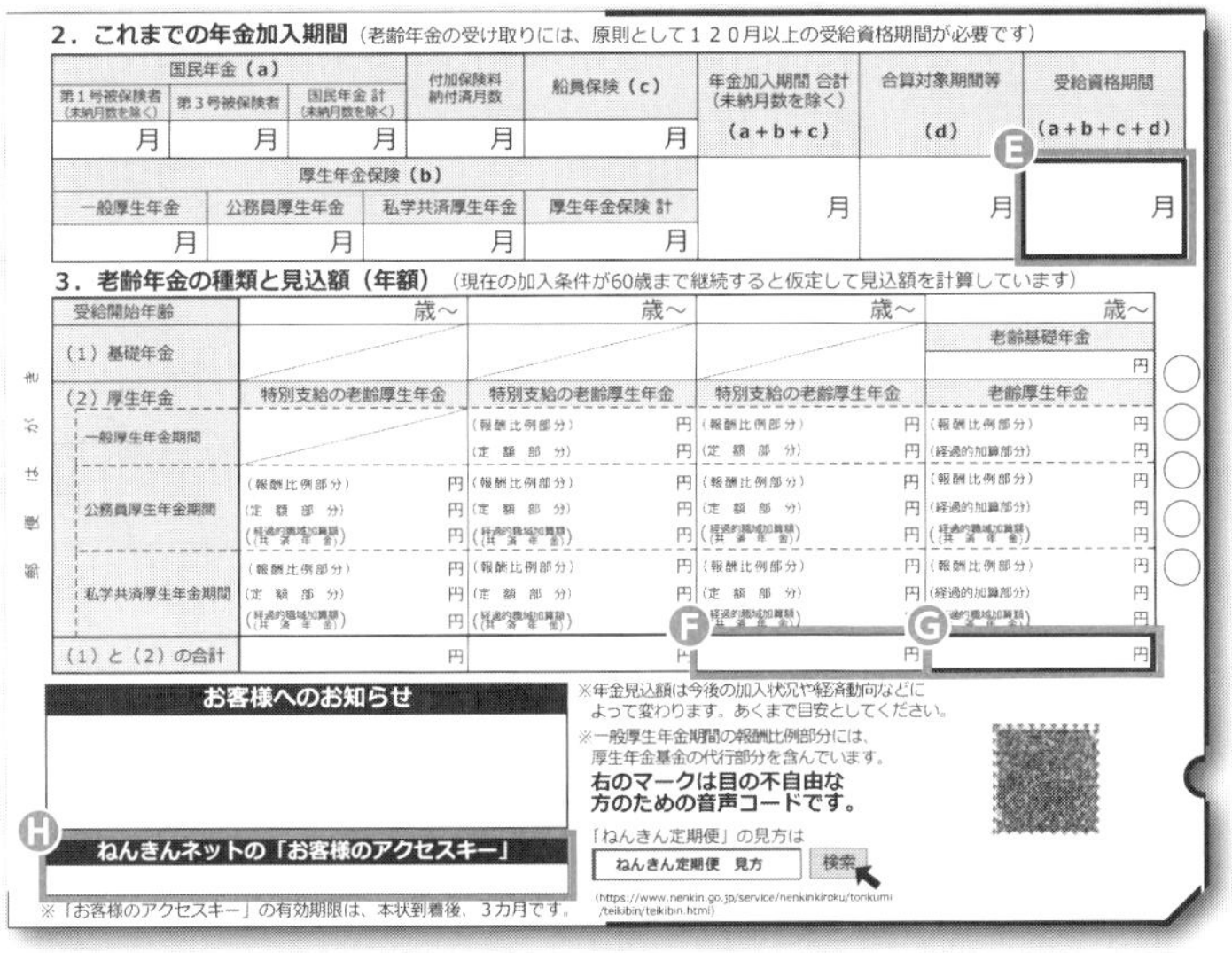

2．これまでの年金加入期間（老齢年金の受け取りには、原則として120月以上の受給資格期間が必要です）

国民年金（a）			付加保険料納付済月数	船員保険（c）	年金加入期間 合計（未納月数を除く）(a+b+c)	合算対象期間等 (d)	受給資格期間 (a+b+c+d)
第1号被保険者（未納月数を除く）	第3号被保険者	国民年金 計（未納月数を除く）					
月	月	月	月	月			
厚生年金保険（b）							
一般厚生年金	公務員厚生年金	私学共済厚生年金	厚生年金保険 計				
月	月	月	月		月	月	Ⓔ 月

3．老齢年金の種類と見込額（年額）（現在の加入条件が60歳まで継続すると仮定して見込額を計算しています）

受給開始年齢	歳～	歳～	歳～	歳～
（1）基礎年金				老齢基礎年金 円
（2）厚生年金	特別支給の老齢厚生年金	特別支給の老齢厚生年金	特別支給の老齢厚生年金	老齢厚生年金
一般厚生年金期間		（報酬比例部分） 円 （定額部分） 円	（報酬比例部分） 円 （定額部分） 円	（報酬比例部分） 円 （経過的加算部分） 円
公務員厚生年金期間	（報酬比例部分） 円 （定額部分） 円 （経過的職域加算額（共済年金）） 円	（報酬比例部分） 円 （定額部分） 円 （経過的職域加算額（共済年金）） 円	（報酬比例部分） 円 （定額部分） 円 （経過的職域加算額（共済年金）） 円	（報酬比例部分） 円 （経過的加算部分） 円 （経過的職域加算額（共済年金）） 円
私学共済厚生年金期間	（報酬比例部分） 円 （定額部分） 円 （経過的職域加算額（共済年金）） 円	（報酬比例部分） 円 （定額部分） 円 （経過的職域加算額（共済年金）） 円	（報酬比例部分） 円 （定額部分） 円 （経過的職域加算額（共済年金）） 円	（報酬比例部分） 円 （経過的加算部分） 円 （経過的職域加算額（共済年金）） 円
（1）と（2）の合計	円	円	Ⓕ 円	Ⓖ 円

お客様へのお知らせ

Ⓗ ねんきんネットの「お客様のアクセスキー」
※「お客様のアクセスキー」の有効期限は、本状到着後、3カ月です。

※年金見込額は今後の加入状況や経済動向などによって変わります。あくまで目安としてください。
※一般厚生年金期間の報酬比例部分には、厚生年金基金の代行部分を含んでいます。
右のマークは目の不自由な方のための音声コードです。
「ねんきん定期便」の見方は　ねんきん定期便　見方　検索
(https://www.nenkin.go.jp/service/nenkinkiroku/torikumi/teikibin/teikibin.html)

Ⓔこれまでの年金加入期間
保険料の納付期間と免除期間などの合計が10年（120カ月）以上必要。

Ⓕ特別支給の老齢厚生年金額
該当者のみ（41ページを参照）

Ⓖ老齢基礎年金と老齢厚生年金の合計額
今の収入で60歳まで働いた場合に65歳から受け取れる見込み年金額。

Ⓗアクセスキー
「ねんきんネット」の登録時に利用。

「ねんきん定期便」に載っていないもの

公的年金や公的な支援がある制度でも、以下のものは「ねんきん定期便」には載っていません。対象者や加入者は、忘れずに確認しましょう。
加給年金・振替加算（44ページ）、国民年金基金（56ページ）、厚生年金基金（54ページ）、iDeCo（58ページ）など

自分の年金額を確認する②

「ねんきんネット」でわかること

各種届書の入手や年金見込額がわかる

パソコンやスマートフォン（スマホ）でも、自分の年金額を確認できます。「ねんきんネット」にユーザＩＤとパスワードを登録し、ログインします。

マイナンバーカードを持っている場合は**「マイナポータル」の画面からログインすることも可能**です。ハガキや封書で送られてくる「ねんきん定期便」の電子版として、自分の公的年金の月別加入履歴や将来の年金見込額がわかります。自分の都合で見たい時にいつでも見られるのは便利ですね。

「ねんきん定期便」に書かれているアクセスキーを利用すると、ねんきんネットの利用登録が簡単にできます。

印刷、データのダウンロードのほか、公的年金等の源泉徴収票や社会保険料控除証明書の再交付申請、各種届書の作成などができます。具体的には、国民年金保険料の免除や追納、口座振替変更や年金受給者が亡くなった際の死亡届や未支給年金の請求書などの手続きがオンラインでできます。

また、これまでの勤務先や住所などを記入することで、転職や退職などの年金記録の確認がスムーズに行える**「私の履歴整理表」**（本人用、夫婦用の２種類）をダウンロードすることもできます。

２０２２年４月より新しい機能が追加されました（試験運用中）。**「公的年金シミュレーター」**です。

これは、日本年金機構から送付される「ねんきん定期便」についている二次元コード（ＱＲコード）をスマホでスキャンするだけで、これまでの保険加入が自動入力され、自分が将来受け取れる年金額の試算が簡単にできるというものです。65歳からの受給額はもちろん、65歳以前に受給する場合（繰上げ）や65歳以降に受給する場合（繰下げ）もわかります。一部の条件は試算できませんが、概算を知るうえで試してみるのもいいでしょう。

●ねんきんネット「月別の年金記録の情報」

月別の年金記録の情報

年度	年齢	4月	5月	6月	7月	8月	9月	10月	11月	12月	1月	2月	3月
平成 4年度	20歳	i 国年	i 国年	i 国年	i 国年	i 国年	国年	国年	国年	国年	国年	国年	国年
平成 5年度	21歳	国年	国年	国年	国年	国年	[illegible]	[illegible]	[illegible]	[illegible]	[illegible]	[illegible]	国年
平成 6年度	22歳	国年	国年	国年	国年	[illegible]	[illegible]	[illegible]	[illegible]	[illegible]	[illegible]	[illegible]	国年
平成 7年度	23歳	国年	国年	国年	国年	国年	国年	国年	国年	国年	国年	国年	国年
平成 8年度	24歳	厚年	厚年	厚年	厚年	厚年	厚年	厚年	[illegible]	[illegible]	[illegible]	厚年	厚年
平成 9年度	25歳	厚年	厚年	厚年	厚年	厚年	厚年	厚年	[illegible]	[illegible]	[illegible]	厚年	厚年
平成10年度	26歳	厚年	厚年	厚年	厚年	厚年	厚年	厚年	厚年	厚年	厚年	厚年	国年
平成11年度	27歳	国年	国年	国年	国年	国年	国年	国年	国年	国年	国年	国年	国年
平成12年度	28歳	国年	国年	国年	厚年	厚年	厚年	厚年	厚年	厚年	厚年	厚年	国年
平成13年度	29歳	国年	国年	国年	国年	国年	国年	国年	国年	国年	[illegible]	国年	国年

国民年金の支払い記録の確認がてきないところもわかる

国民年金の支払い

厚生年金の支払い

「月別の年金記録の情報」では、加入全期間の月別の支払い履歴がわかる。

厚生年金の支払いは「厚年」、国民年金の支払いは「国年」、支払い記録の確認ができない月には「i」と表示される。

「ねんきん定期便」の場合は、35歳、45歳、59歳の封書にのみ、月別の支払い履歴が記載されてくる。

ねんきん定期便・ねんきんネット専用番号
0570-058-555（ナビダイヤル※通話料は発信者負担）
050で始まる電話からの場合は
（東京）03-6700-1144（一般電話）
月曜8：30～19：00、火～金曜8：30～17：15、第2土曜9：30～16：00
※月曜日が祝日の場合は、翌日以降の開所日の19：00まで。
※休日、祝日（第2土曜日を除く）、12月29日～1月3日は休み。

年金はどうやって受け取るの？

案内が届いたら、自分で請求しないとダメ

「年金請求書」が届く

年金（老齢基礎年金、老齢厚生年金）は、受給時期が来たら自動的に振り込まれるわけではなく、**請求することが必要**です。

まず、受給開始年齢の65歳になる3カ月前に、日本年金機構から年金加入記録が記載された**「年金請求書（事前送付用）」**が郵送されます。間違いやもれがないかを確認しましょう。

65歳になる前日以降、年金請求書に本人情報や年金加入状況、配偶者や子の情報などの必要事項を記入し、必要書類とともに提出します。提出先は年金の種類によって異なります。国民年金のみの場合は、各市区町村の役所にある国民年金の窓口へ。厚生年金がある場合や第3号被保険者は、全国の年金事務所や街角の年金相談センターへ。共済組合などに加入していた場合は全国の年金事務所または各共済組合に提出します。

提出から1、2カ月後、**「年金証書」と「年金決定通知書」**が届きます。

その1、2カ月後に、**「年金振込通知書」と「年金支払通知書」**または**「年金送金通知書」**が送付され、ようやく年金が振り込まれます。

請求時に必要な書類

必要書類は、戸籍謄本（記載事項証明書）・戸籍抄本・住民票（記載事項証明書）のいずれか（6カ月以内に交付）、受取先金融機関の預金通帳かキャッシュカード（本人名義、コピー可）。配偶者や18歳未満の子がいる場合は、本人の戸籍謄本（記載事項証明書）と世帯全員の住民票の写し、配偶者の収入が確認できる書類（所得証明書、課税（非課税）証明書、源泉徴収票など）、子どもの収入が確認できる書類、または在学証明書や学生証を用意しましょう（マイナンバーを記入すれば、戸籍謄本以外不要）。そのほか、年金手帳や印鑑などが必要な場合もあります。

●年金を受け取る流れ

❶日本年金機構（一部の人は共済組合）から「年金請求書」と案内書類が届く

年金支給開始年齢の3カ月前
※国民年金は原則65歳の誕生日の3カ月前
※特別支給の老齢厚生年金対象者は、支給開始年齢の誕生日の3カ月前

❷「年金請求書」に必要事項を記入し、必要書類とともに、右記のところに提出する

支給開始年齢の誕生日の前日以降に
・国民年金は、役所の国民年金の窓口へ
・厚生年金と第3号被保険者は、年金事務所または年金相談センターへ
・共済組合は、年金事務所または各共済組合へ

❸「年金証書」と「年金決定通知書」が届く

「年金請求書」提出から1、2カ月後

❹「年金振込通知書」と「年金支払通知書」または「年金送金通知書」が届き、振り込みが開始される

年金決定の通知から1、2カ月後

年金は年6回、2カ月分をまとめて受け取る

- 年金は受け取る権利が発生した月の翌月分から受け取れます。
- 年6回に分けて2カ月に1度、指定した金融機関に振り込まれます。
- 2月、4月、6月、8月、10月、12月の原則15日に、その前月までの2カ月分が振り込まれます。たとえば6月に振り込まれる年金は、4月と5月分になります。

繰上げ・繰下げ受給の場合は？
繰下げ受給を考えている方は、65歳以降に「年金請求書」と「老齢年金の繰下げ意思についての確認書」と、「支給繰下げ申出書」を提出します。繰上げ受給する際には、「老齢基礎・厚生年金支給繰上げ請求書」を全国の年金事務所か街角の年金センターに提出します。「年金請求書」は10枚ほど、説明の書類も含めると20枚ほどというボリュームです。

年金は受け取る時期で額を増やせる？

75歳まで繰下げると最大184％に

75歳まで繰下げ可能に

２０２２年の年金改正で何歳から受け取るか？　の選択肢が広がりました。

これまで65歳以降に受給する場合、繰下げは最大で70歳まででしたが、75歳までに延長できるようになりました。65歳で受給を開始しない場合は、最短で1年後の66歳から受給が可能です。以降は1カ月単位で受給を繰下げることができます。受領額は以前と同じく、ひと月遅らせるごとに0・7％ずつ増加しますが、受給開始年齢が**5年延長されたことで増額率はこれまでの最大42％から84％にアップ**しました。

何歳で受給開始するのが一番お得？

では、いったい何歳から受給開始するのがお得なのでしょうか？　基本的には、**12年以上受給した場合に元が取れる計算**になります。ちなみに、２０２２年厚生労働省から発表された日本人の平均寿命は、男性が81・47歳、女性が87・57歳です。

単純に毎月の受給額だけで比較すると、75歳からもらうのが得に思えるかもしれません。ですが、75歳で受給した人が、**65歳で受給した場合より得するのは87歳過ぎてから**。75歳で受給した人が70歳で受給開始した場合の総額を超えるのは91歳過ぎからです。

自分の寿命は誰にもわかりませんし、人生１００年時代なのでこの年齢まで生きる可能性も十分あります。ですが、平均寿命で見ると微妙なところですね。70歳で受給開始した場合の損益分岐点は82歳になります。

では、60歳で繰上げ受給を開始した場合はどうでしょう？　受給開始21年後の80歳を過ぎるまでは、65歳に受給開始した場合より得をする計算です。

いずれの場合も、公的年金だけに頼り切るのではなく、貯蓄や投資などの私的年金を準備しておきましょう。

●繰上げと繰下げの増減率のイメージ

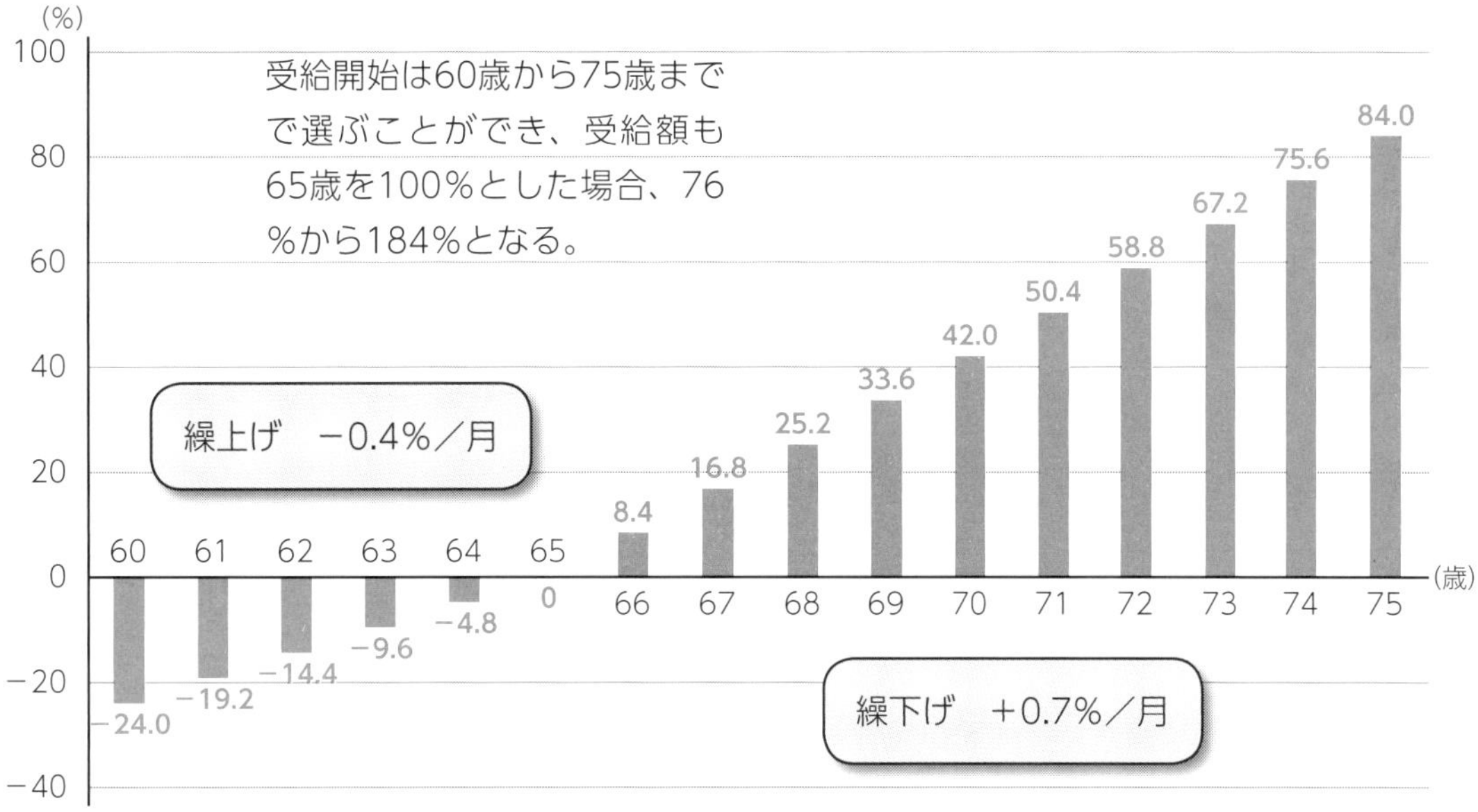

※75歳に繰下げられるのは1952年4月2日以降に生まれた人。繰上げた際の減額率が0.4%になるのは1962年4月2日以降に生まれた人。

●国民年金の受け取り総額

			男性健康寿命 72.68歳	女性健康寿命 75.38歳	男性平均寿命 81.47歳	女性健康寿命 87.57歳		
受給開始年齢（年額）		70歳時点	72歳時点	75歳時点	80歳時点	85歳時点	90歳時点	95歳時点
繰上げ	60歳（約59万円）	590万円	708万円	885万円	1180万円	1475万円	1770万円	2065万円
原則	65歳（約78万円）	390万円	546万円	780万円	1170万円	1560万円	1950万円	2340万円
繰下げ	70歳（約110万円）	0円	220万円	550万円	1100万円	1650万円	2200万円	2750万円
繰下げ	75歳（約143万円）	0円	0円	0円	715万円	1430万円	2145万円	2860万円

※2022年度の国民年金（老齢基礎年金）受給満額額の約78万円（年）で試算。
※平均寿命は厚生労働省「令和3年簡易生命表」、健康寿命は厚生労働省の「令和元年値」より。

繰下げと平均寿命

上の「国民年金の受け取り総額」の太枠で囲んだ部分をご覧いただくとわかるように、せっかく繰下げても、ある程度は長生きをしないと、総額では損になる場合もあり悩ましいところです。

繰下げ受給、するならいつがいい？

年金だけで暮らせる額まで繰下げる方法も

損得よりも大切なこと

先に、損益分岐点の観点から「いつ受給を開始するのが一番得か？」を見ましたが、損得だけで考えると失敗することがあるのもまた事実です。損得よりも、**「今の生活をいかに維持するか？」を基準に考えてほしい**と私は思います。

これまでは、今の生活費をまず考え、現役時代と老後の収入を比較して不足分を割り出し、それを補う方法を考えることが多かったです。

たとえば、現役時代に生活費が月35万円かかっていたとして、65歳から支給される年金が23万円だとしたら、月12万円の赤字になります。その赤字分の月12万円をあらかじめ貯蓄で準備したり、節約して生活費を縮小したりして、老後に備えるというものでした。

繰下げにベストな年齢を知る計算法

これからはそれにプラスして、次のような考え方を取り入れてみてはいかがでしょうか？　それは**「受給時期をどのくらい繰下げたら、月の生活費全額を受け取れるか？」**です。

たとえば、35万円の生活費を受給するには、受給時期を何年繰下げればいいか？　を考えるのです。

左ページのように、年金が23万円支給される場合は約6・2年繰下げて、71歳2カ月から受給開始すると、生活費を全額年金でまかなえます。それまでは現役時代に蓄えておいた私的年金を使う、もしくは71歳まで働いて多少なりとも収入を得るのもいいでしょう。

冒頭の「ＷＰＰ」の考え方で「できるだけ長く働く」とお伝えしましたが、今回ご紹介した考え方は、**いつまで働くか？　いつ繰下げ受給をするか？**　を具体的に考える際の、大きな目安にもなるでしょう。老後に必要なお金は生活費だけでなく、医療、介護、リフォーム、旅行などの費用もあることを忘れずに。

●繰下げ年齢がわかる計算式

(必要生活費÷年金受給額-1)×100÷0.7÷12カ月 ＝ 年金額が必要生活費になる繰下げ期間

1カ月の繰下げ増額率

❶毎月35万円の生活費が必要な60代前半の夫婦の場合

65歳からの年金予定額は23万円で、このままだと月12万円不足する。

(35万円÷23万円－1)×100÷0.7÷12 ＝ 約6.2年（6年2カ月)

➡6年2カ月繰下げると、年金額が約35万円になり年金だけで生活できる。

71歳2カ月までは働く、または生活費を準備しておく。

❷この夫婦が、毎月の生活費を35万円から30万円に下げる

(30万円÷23万円－1)×100÷0.7÷12 ＝ 約3.6年（3年7カ月)

➡3年7カ月繰下げると、年金額が約30万円になり年金だけで生活できる。

生活をダウンサイジングすると、繰下げ期間も短くできる。

ご夫婦は、1人になったときのことも想定

ご夫婦の場合、どちらが先に亡くなっても年金額は減ります。1人になったからといって、生活費が半分になるというわけにはいきません。そういったときのことも想定して、ちょっと多めにもらえるように計算してみるのもよいと思います。

繰下げ受給、気をつけたい点は？

繰下げからの一括受給は「時効」に注意

繰下げ利用者は少数派

繰下げ受給は受給額がアップするのでお得ですが、実際に利用している人はどのくらいいるのでしょう？「令和２年（２０２０年）度厚生年金保険・国民年金事業の概況」によれば、２０２０年で全体の１・０％です。２０１８年で０・７％、２０１９年で０・８％なので、年々利用率は増加していますが、まだまだ普及には至っていないようです。

年金の時効は5年

繰下げ受給の際に、気をつけたいことがあります。それは、万が一の「受け取り方」です。というのも、年金には**5年という「時効」がある**からです。

たとえば、繰下げを予定していた72歳の夫婦が、家の修理のため急に大きなお金が必要になったとします。その場合、年金を受け取る前5年分の年金を一括でまとめてもらうことができます。ただし、5年以上前の分は時効で消滅し、65歳から67歳までの2年分はもらえません。しかも、今は**一括受給した分は繰下げ扱いにはならないので、増額されません**。つまり、65歳の時に受給しはじめた場合と同じ額になります。本来、72歳まで繰下げると58・8％の増額になり、それが一生続きますから、大きな違いです。これが、２０２３年４月から一括受給を請求すると5年前に繰下げ受給の請求があったとみなされ、増額された年金額を一括受給できるようになります。それでも、当初の予定通りには増えませんから「生活防衛資金」は準備しておきましょう。

65歳以降に年金を受給しようと思っていて受給前に亡くなった場合は、本人の代わりに**遺族が※「未支給年金」として受け取れます**。そのほか、遺族年金を受給している場合、妻は自分の老齢年金を繰下げることはできません。また、妻が繰下げ待機中に夫が死亡した場合には、その時点で繰下げは終わり、受給が開始されます。

※「未支給年金」については48ページを参照。

●繰下げ待機を途中でやめるパターン（65歳時の年金額を160万円で試算）

❶68歳から待機を取りやめて繰下げ受給を開始した場合

（一括受給はなし）　3年分25.2%増の約200万円を終身で

65歳　66歳　67歳　68歳以降

❷3年待機し、68歳でまとまったお金が必要になった場合

一括受給　480万円
65歳時×3年分

65歳時の年金額160万円を終身で。3年分の増額（25.2%）はなし

65歳　66歳　67歳　68歳以降

❸5年以上待機したが、72歳でまとまったお金が必要になった場合

時効
2年分消滅

一括受給　約800万円
160万円×5年分

65歳時の年金額160万円を終身で

65歳　66歳　67歳　68歳　69歳　70歳　71歳　72歳以降

⬇2023年4月からは、65歳～67歳の2年分は繰下げ扱いとなり、67歳から繰下げ受給している扱いになる。

時効
2年分消滅

一括受給　約935万円
2年分16.8%増×5年分

2年分の増額（16.8%）の約187万円を終身で。5年分の増額（42%）はなし

65歳　66歳　67歳　68歳　69歳　70歳　71歳　72歳以降

❹繰下げ待機中に、68歳で亡くなった場合

遺族に一括支給
480万円
65歳時×3年分

「未支給年金」として遺族が受け取れる

65歳　66歳　67歳　68歳以降

「加給年金」のもらい損ねにも注意

65歳の時点で年下の配偶者がいる方が老齢厚生年金を受給する場合、配偶者が65歳になるまでの間、加給年金（44ページ参照）が上乗せされますが、厚生年金の受給を繰下げるともらい損ねる場合もあります。

繰上げ受給、気をつけたい点は？

障害年金より金額が少なくなる場合も

60歳からの受給は24％減

65歳より前に受給を開始する「繰上げ受給」。2022年の年金改正で減額率が緩和されました。これまでは受給を1カ月早めるごとに0・5％ずつ減額されたのが0・4％に。60歳で受給開始する場合がもっとも減額率が大きく、24％減になります。65歳より前に受け取りたい場合には、希望する時期に申請しますが、その時点で減額率が決まります。**一度繰上げ受給を請求すると取り消しができません。**一生同じ金額を受け取ることになるので、申請前にはよく考えましょう。

そのほか繰上げることで、**障害年金をはじめ、社会保障制度で不利になることがある**ので、注意が必要です。

一人、一時期、一年金のルール

障害年金には、**国民年金の「障害基礎年金」と厚生年金の「障害厚生年金」**があります。障害の度合いによって1～3※級まで認定され、申請すると第1号被保険者（自営業者、学生など）と第3号被保険者（専業主婦など）なら「障害基礎年金」、第2号被保険者（会社員、公務員など）はそれに加えて「障害厚生年金」を受け取れます。1級の場合、「障害基礎年金」「障害厚生年金」ともに年金受給額の1・25倍が支払われます。しかし、老齢年金を繰上げ受給すると1・25倍にはなりません。年金には**「一人、一時期、一年金」というルールがあり、同時期に異なる年金を受給することができない**からです。62歳で繰上げ受給を開始した人が、その後病気や事故で1級の障害と認定されても、障害年金は受け取れません。また、配偶者が亡くなった場合、65歳になるまでは繰上げた年金と遺族厚生年金は併せて受け取れません（いずれかを選ぶことになります）。そのほか、国民年金の任意加入や保険料の追納ができない、厚生年金基金に加入している場合は支給される年金が減額される場合があります。

※「障害基礎年金」は、1級と2級のみ。

●老齢年金と障害年金の受給額

	老齢年金	障害年金（重度⇔軽度）			
		1級※	2級※	3級※	
厚生年金	老齢厚生年金	障害厚生年金1級 ＝老齢厚生年金額×1.25	障害厚生年金2級 ＝老齢厚生年金額	障害厚生年金3級 ＝老齢厚生年金額	障害手当金※ （一時金）
国民年金	老齢基礎年金 77万7800円	障害基礎年金1級 97万2250円（2級額×1.25）	障害基礎年金2級 77万7800円		

※老齢基礎年金は2022年度の満額で計算。
※障害年金1級・2級には、配偶者の加給年金や子の加算などがある。
※障害厚生年金3級には58万3400円、障害手当金には116万6800円の最低保障額がある。

重　要

老齢年金を繰上げ受給をしていた場合、交通事故などで重い障害を負っても、障害年金は受け取れず、老齢年金の受給が続くことになります。繰上げ受給をしていなければ、障害のレベルに応じた障害年金を受け取れ、1級であれば老齢年金の1.25倍になります。治療中の病気や持病がある方も注意してください。

「障害基礎年金」と「障害厚生年金」については89ページも参照してください。

繰上げ受給は慎重に

・繰上げて減額された額が一生続きます。
・繰上げ請求は、取り消すことができません。
・老齢厚生年金のある場合は、原則老齢基礎年金とセットで繰上げになります。
・共済組合から支給される年金額も一緒に減額されます。
・障害年金を請求できなくなります。
・寡婦年金など支給停止になるものや、特例措置を受けられなくなるものがあります。
・特別支給の老齢厚生年金がもらえなくなる場合があります。

必ず、年金事務所や専門家に相談したうえで決めましょう。

年金を「分けて受給」という考え方

繰下げは別々でOK、繰上げはNG

繰上げ受給は同時に

国民年金（老齢基礎年金）と厚生年金（老齢厚生年金）は、**いずれか一方だけを繰下げることが可能**です。ですが、実際に2つの年金を分けて受け取っている方はあまりいらっしゃらないかもしれません。国民年金は月5万円前後、厚生年金は人によって金額が異なるものの、平均して月10万円未満。これを別々に受け取ると金額が低くなって収入の柱にはならず、メリットがあまり感じられません。

繰上げの場合は、基本的に国民年金と厚生年金を同時に受給する必要があります。※「特別支給の老齢厚生年金」の繰上げの場合も同様です。1961年4月1日以前に生まれた男性、1966年4月1日以前に生まれた女性で、国民年金に10年以上、厚生年金に1年以上加入している方は、65歳より前に「特別支給の老齢厚生年金」を受け取ることができますが、それを繰上げたい場合には、国民年金も同時に繰上げる必要があるのです。

夫婦で調整する方法も

「分けて受給」という観点で考えると、受け取りの時期を夫婦で調整するという方法もあります。夫婦で年齢が異なる場合は受給開始時期も変わるからです。夫が5歳年上なら、5年早く夫が年金受給者になりますが、繰下げ申請をして引き続き働き、妻が65歳になるのに合わせて、70歳のときに同時に受給するのもいいでしょう。ただし、厚生年金を繰下げると加給年金にもかかわってくるので注意が必要です。

逆に、夫が定年退職後、再雇用で働き出したけれど収入が減少し、家計に余裕がなくなったので、妻がパート勤務をしながら、繰上げ受給をはじめるというパターンもあります。

このように、年金を個人単位で考えるのではなく、**夫婦単位で考え、働き方と合わせて調整していくのも、賢い年金の受給方法**といえそうです。

※「特別支給の老齢厚生年金」については41ページを参照。

●国民年金と厚生年金の受給パターンのイメージ

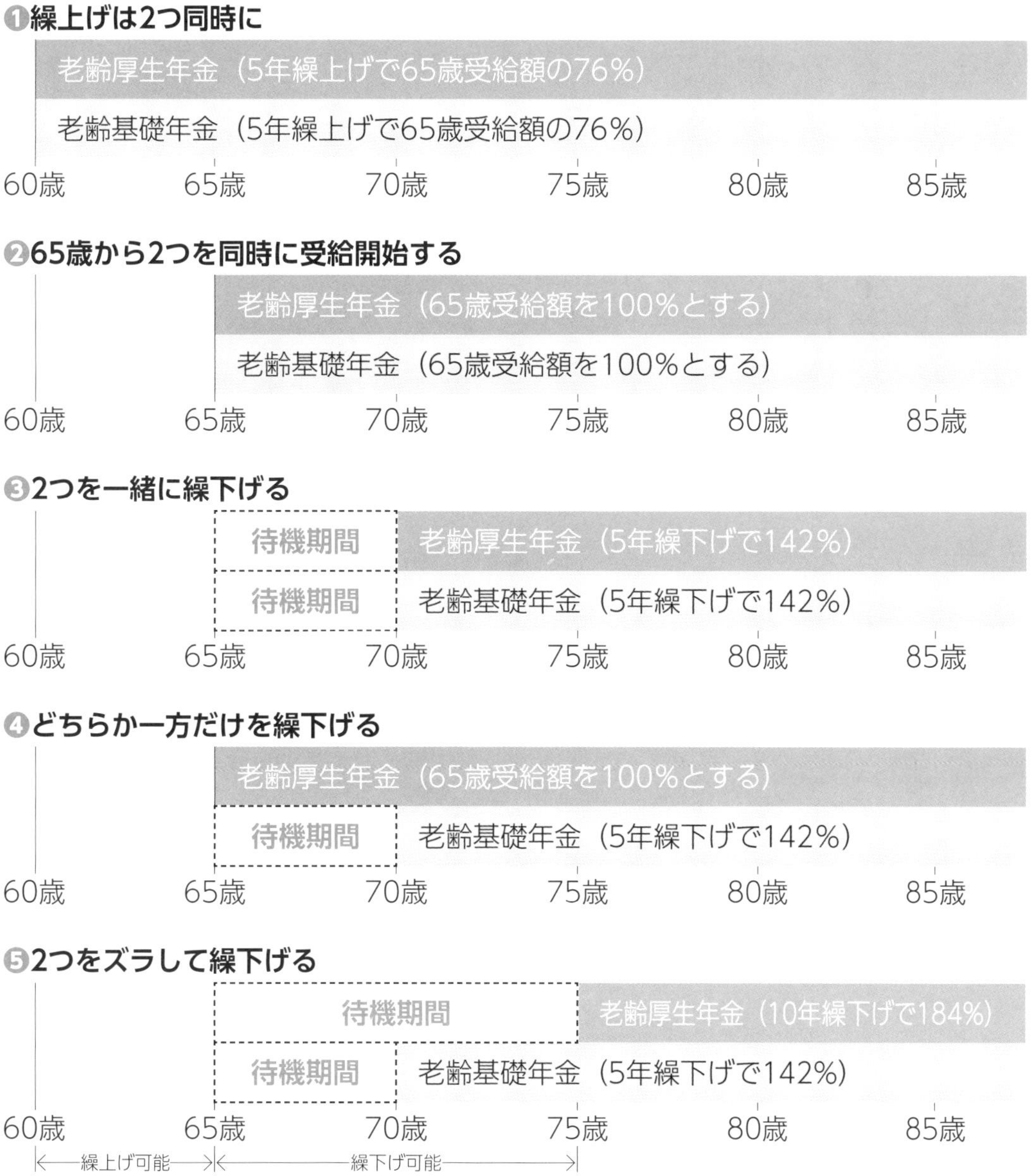

繰上げは2つ同時に、加給年金にも注意

繰上げ受給を選ぶ場合、原則老齢基礎年金と老齢厚生年金を同時に受給しなければなりません。どちらか一方だけを繰上げるということはできません。ダブルで減額になることを覚えておいてください。また、厚生年金の繰下げ待機中は、加給年金（44ページ参照）は支給されません。

繰下げしない国民年金の増やし方は？

未納があれば「追納」や「任意加入」で満額に近づける

1年間の未納で、約2万円減！

国民年金の支給額は一律で、年金保険料を20歳からの40年間（４８０カ月）分支払った場合に満額（２０２２年度は満額77万７８００円）が支払われます。会社員なら、会社がすべて手続きを行ってくれるので支払い忘れることはありませんが、学生や自営業など第1号被保険者だと、自分で支払いや手続きを行う必要があるため、払い忘れることもあるでしょう。**未納期間があると、その分65歳からの年金支給額に影響します。**

国民年金の場合、２０２２年度の支給額から考えると、１カ月未納で月１６２０円の減額になります。月単位ではそれほど多く感じませんが、**1年未納で年間約2万円減、2年未納で年間約4万円減。**65歳から85歳までの20年間受給した場合、１年未納で40万円、２年未納だと80万円少なくなる計算です。

未納分は2年前までさかのぼって支払えますが、それを過ぎると納めることができません。

また、経済的な事情で保険料の「免除」や「納付猶予」を受けた場合も受給金額は減額されます。10年以内なら「追納制度」を利用することで保険料を支払えますが、それを過ぎると納めることができません。

覚えておきたい「任意加入」制度

「しまった！」と思った方も安心してください。国民年金を満額に近づける方法があります。**60歳以降に「任意加入」という制度を利用**すれば、65歳までの間に不足分を支払うことができます。国民年金の受給資格期間10年に達していない場合は70歳まで任意加入できます。10年で元が取れる計算です。

また、60歳以降も厚生年金に加入して働く場合は、厚生年金保険料が加算されると同時に**不足分の国民年金を埋めることができる**ので（「経過的加算」※）、任意加入する必要はありません。

※「経過的加算」については39ページを参照。

●「任意加入」を検討してほしい方

- 学生時代に保険料を支払えなかった、もしくは「学生納付特例制度」を利用し、卒業後に支払うのを忘れていた。
- 会社を辞めたり、転職したりして、無職の期間があったが、保険料の支払いを忘れていた。
- 保険料を支払う余裕がなく、納付「免除」の期間がある。
- 配偶者（第２号被保険者）との離婚や死別によって、第３号被保険者の資格を失ったが、第１号被保険者への変更をしておらず、保険料を支払っていないなど。

●2年で元が取れる「付加年金」とは？

第1号被保険者が「国民年金」を増やす方法としては「付加年金」もあります。月額400円の保険料で、納付総額の半分（200円×納付月）が65歳から毎年給付されるので、2年で元が取れる計算です。
さらに、繰上げも繰下げもできます。

例）支払い期間が5年の場合の納付総額　400円×12カ月×5年=2万4000円。
半分の1万2000円が毎年給付されるので、2年で2万4000円に。

ただし、「国民年金基金」（56ページ参照）との併用はできないため、国民年金基金に加入している人は、付加年金は納められません。

「任意加入」には申し込みが必要です
任意加入は、市役所などの国民年金担当窓口や、年金事務所に申し込みます。自身の年金の支払い状況は「ねんきん定期便」や「ねんきんネット」などで確認しましょう。

繰下げしない厚生年金の増やし方は？

アルバイトやパートでも厚生年金に加入する働き方をする

厚生年金に入るメリット

60歳以降も働くことで厚生年金を増やすチャンスが増えたのが、２０２２年の年金改正の大きなポイントです。**小規模な会社でも、短時間働く人でも、厚生年金に加入できるようになりました**。

専業主婦など、第３号被保険者の場合、夫（第2号被保険者）が先に60歳を迎えると、第３号被保険者の資格がなくなります。満額払っていない場合には、第1号被保険者に変更し、任意加入で国民年金を満額に近づけることができます。ですが、会社で月８万８０００円以上の収入を得て厚生年金に加入すれば、保険料の負担を軽くすることができます。厚生年金のいいところは、先にも少しお話ししましたが、**雇用側が保険料を半額支払ってくれる点**です。たとえば、給与が10万円ほどの場合、国民年金なら一律で1万６５９０円（２００２年度）支払いますが、厚生年金の場合は９０００円くらいになります。国民年金なら65歳までに４８０カ月分を支払ったら終わりですが、厚生年金なら70歳まで加入することができます。さらには、規約によっては企業年金も70歳まで加入することができます。

健康保険にもあわせて加入

厚生年金は健康保険とセットのため、加入すると**健康保険料もかかります**が、病気やケガで働くことができなくて３日以上連続して休んだ場合、４日目以降休んだ日にちに応じて「傷病手当金」が支給されるので、保障面で手厚くなることはたしかです。

手取り額だけ見ると、厚生年金に加入すると少なくなって、損しているように思えるかもしれません。でも、給与から国民年金分も自動的に支払われていますし、年金受給額も毎月増えるわけですから、目先のことにとらわれず長い目で見てみましょう。将来的には「よかった」と思えるはずです。

●厚生年金の対象になる働き方が広がる

	会社の規模	勤務の期間	その他
これまで	従業員501人以上	1年以上の雇用見込み	・週の労働時間が20時間以上 ・月額賃金8万8000円以上 ・学生ではない
2022年10月～	従業員101人以上	2カ月以上の雇用見込み	
2024年10月～	従業員51人以上	2カ月以上の雇用見込み	

厚生年金加入の主なメリット

- 厚生年金保険料は会社と折半になり、保険料の負担が減る。
- 老齢基礎年金に老齢厚生年金が上乗せされるので、将来受け取る年金額が増える。
- 障害厚生年金と遺族厚生年金の対象になる。
- 健康保険料の支払いはあるが、傷病手当金や出産手当金が出る。
- 公的年金の加入可能期間が長くなる。

※ただし、これまで配偶者の扶養内で社会保険料を負担しなくてよかった第3号被保険者は、給与から厚生年金と健康保険の保険料が天引きされるので手取り額は少なくなる。

●経過的加算のイメージ

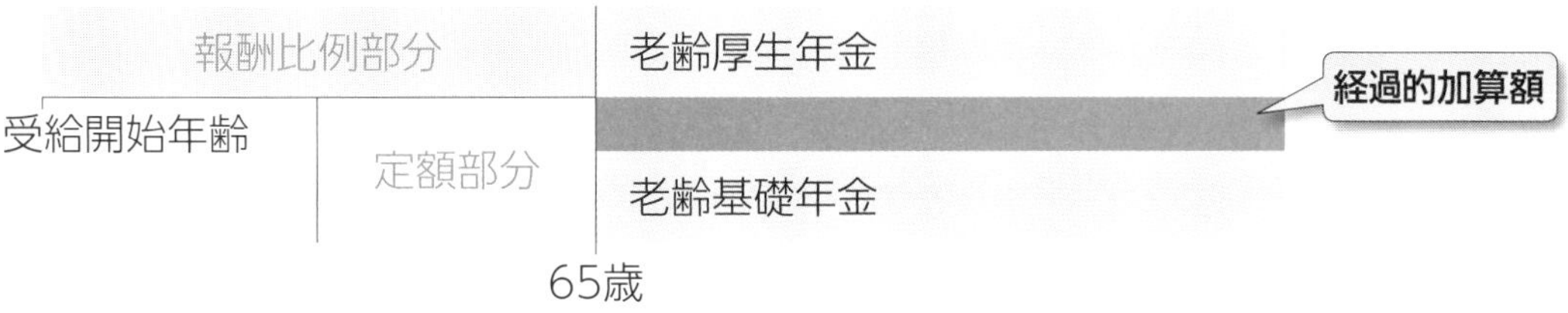

（日本年金機構「老齢年金ガイド」令和4年版を元に作成）

「経過的加算」で基礎部分が満額に

60歳以降も厚生年金に加入して働くと、老齢基礎年金（国民年金・定額部分）が40年に不足している場合には、「経過的加算」で埋められて実質的に満額に近づけられます。40年に達した以降は、老齢厚生年金（報酬比例部分）がさらに増えていきます。

厚生年金を受け取りながら働くと、年金額はカットされる？

「在職老齢年金」の減額基準が47万円に大幅アップ

最近は60歳で定年退職した後も、再雇用や再就職などで働き続ける方が増えています。２０２２年２月１日に総務省統計局から発表された「労働力調査」によれば、60～64歳の男性82・7%、女性60・6%、65歳以上の男性34・1%、女性18・2%が働き続けているといいます。**男性の実に8割以上が60歳以上も働いている**ということです。

70歳未満の方が会社勤めをして厚生年金保険に加入した場合、これまでは65歳未満で厚生年金と賃金※の合計が28万円、65歳以上で47万円を超えると超過分の一部がカットされました。年金と賃金の合計の上限が28万円だと働き方がかなり制限されるため、調整していた方も多いでしょう。けれど、２０２２年４月の年金改正で、**65歳未満でも65歳以上と同様、年金と賃金の合計が47万円まで引き上げられました。**

特に、１９６１年４月１日以前に生まれた男性と１９６６年４月１日以前に生まれた女性は、性別と生年月日に応じて、60～64歳から「特別支給の老齢厚生年金」（左ページ参照）を受けるため、働き続けるなら在職老齢年金の対象になります。年金の繰上げ受給をする人にも適用されますから、上限が引き上がったことで、年金をカットされずに働ける人が多くなるでしょう。

この合計が**47万円を超えると、超えた分の2分の1が減額**されます。この仕組みを「在職老齢年金」といいます。

自営業やフリーランスなど、そもそも厚生年金に加入していない方の場合は、賃金の上限がありませんから、いくら稼いでも年金がカットされることはありません。

ただし、厚生年金に加入しておくと年金の受給額が増えるなどのメリットもあるので、どちらがよりいいかをよく考えたほうがよさそうです。

※賃金は、標準報酬月額+過去１年間の標準賞与額の合計を12で割った額。

●60~64歳も「在職老齢年金」の減額基準は47万円に

	60~64歳	65歳以上
これまで	月28万円 (老齢厚生年金+賃金) 以下なら全額支給	月47万円 (老齢厚生年金+賃金) 以下なら全額支給
2022年4月~	月47万円 (老齢厚生年金+賃金) 以下なら全額支給	月47万円 (老齢厚生年金+賃金) 以下なら全額支給

在職老齢年金が月47万円を超えた場合

(老齢厚生年金+賃金−47万円)× $\frac{1}{2}$ が減額される

例（老齢厚生年金20万円+月収30万円−47万円）× $\frac{1}{2}$ ＝ 1万5000円が減額

●特別支給の老齢厚生年金（特老厚）とは？

年金の受給開始年齢が60歳から65歳に引き上げられたときにもうけられた制度。

対象者は、60歳から64歳までの決められた年齢から受給がはじまる年金。繰上げは老齢基礎年金とセットで、繰下げはできない。

対象者

1961年（昭和36年）4月1日以前に生まれた男性

1966年（昭和41年）4月1日以前に生まれた女性

国民年金の加入期間が10年以上、厚生年金の加入期間が1年以上ある人

特老厚は「ねんきん定期便」に記載あり

特別支給の老齢厚生年金は「ねんきん定期便」に記載があります。対象になる方は「在職老齢年金」との兼ね合いや、もらい忘れなどがないよう注意してください。

厚生年金を受け取りながら働くと、年金額が毎年増える？

「在職定時改定」で65歳以降も毎年アップ

65歳以上で、老齢厚生年金を受け取りながら会社で働く場合、これまでは働き続けて納めた保険料が受給額に反映されるのは、退職時または70歳になったときでした。つまり、65歳から70歳になるまで働いた場合、その5年間は厚生年金を払い続けても、年金の受給額は変わらず、70歳を過ぎてからやっと受給額が増えていたのです。

ですが、２０２２年の年金改正によって、毎年、厚生年金の加入期間を調べて年金額が再計算され、その年から金額がアップした年金を受け取ることができるようになりました。これを**「在職定時改定」**といいます。

この制度の何がいいかといえば、**働けば働くだけ、毎年目に見えて年金支給額が増えていくのがわかる**ことです。

たとえば、65歳で給与が20万円の場合、1年間働くと年金は年間約1万３０００円（月にすると約１１００円）増加する計算です。毎年もらえる年金が少しずつアップしていくのがわかるので、モチベーションも上がりますよね。「もうちょっと頑張ろう」という気持ちも生まれるのではないでしょうか。

「在職老齢年金」の減額基準47万円に注意

この制度は65～70歳までに適用されるので、会社で働きながら**繰下げ受給をする場合には使えません**。

注意してほしいのは、年金額が上がったことで、先にご紹介した「在職老齢年金制度」の限度額である47万円を超え、年金額がカットされる人が出るかもしれないことです。収入が増えるのはいいですが、年金カットが気になる人は要注意。「ねんきん定期便」や「ねんきんネット」などでその年の年金額をしっかりチェックすることをおすすめします。

●65歳以降で働きながら年金を受け取る場合

これまで	2022年4月～
●厚生年金保険料を納めていても、働いている間は年金額は変わらない。 ●退職または70歳になったときに、年金額が改訂される。	●納めた厚生年金保険料に応じて、毎年1回年金額が改訂される。 ●在職中に受け取る年金額が70歳まで増えつづける。

●70歳まで働いて厚生年金保険料を納付した場合の年金増額のイメージ

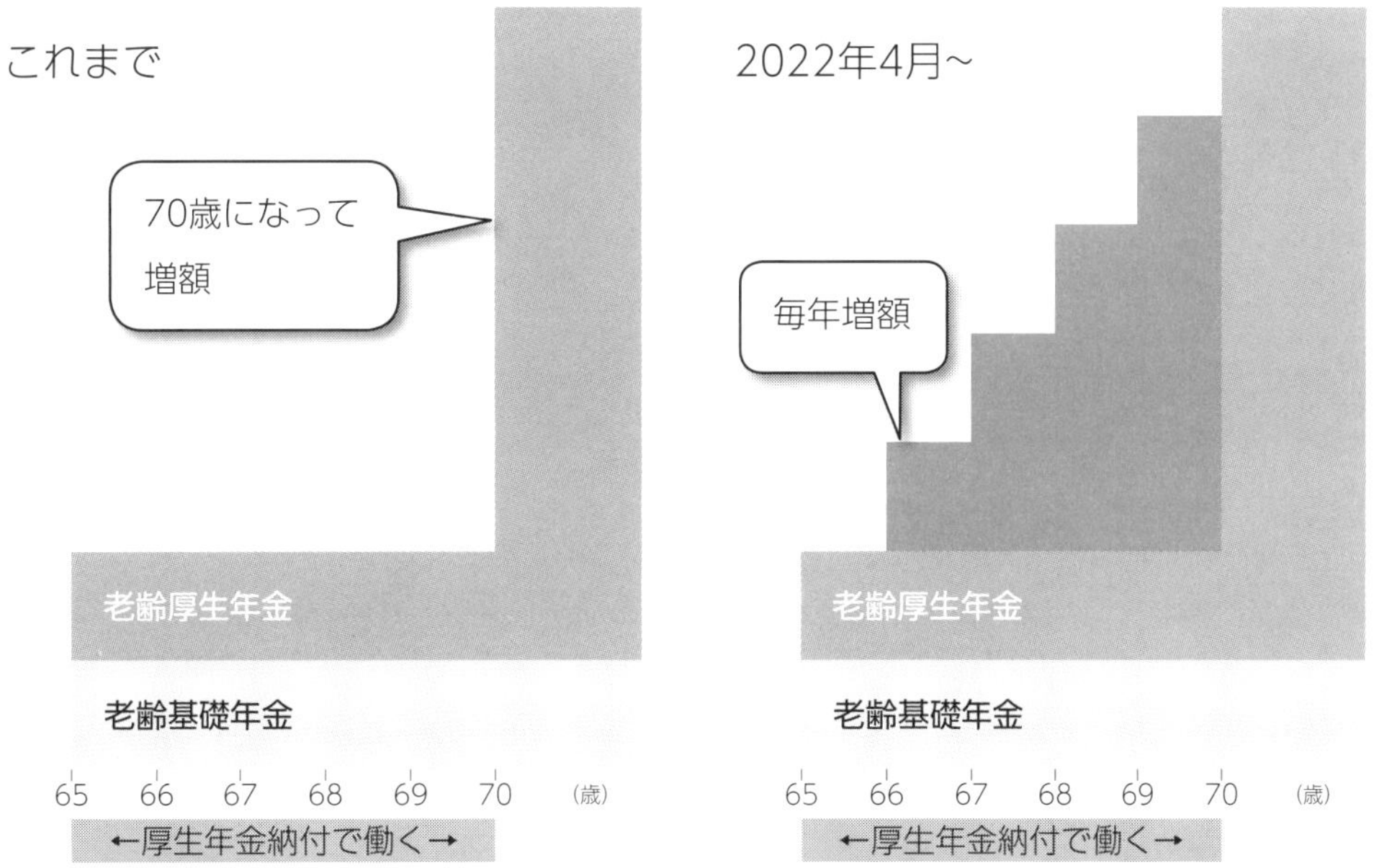

※原則として厚生年金加入は70歳まで。ただし、年金を受給できる加入期間に足りない場合は、70歳以上でも加入できることがある。

1年間働くと、どのくらい増えるの？
月収20万円で1年間働くと年額で約1万3000円増額される計算になります。3年働けば約3万9000円、5年働けば約6万5000円に。この増額が終身で続くのは大きいですよね。

65歳未満の配偶者がいると加算される「加給年金」とは？

厚生年金に20年加入で加算

ある一定の条件を満たした方は、国民年金と厚生年金のほかに受け取れる年金があります。

「加給年金」は厚生年金に20年以上加入していて、65歳時に配偶者や子どもを養っている場合にプラス※される年金です。

配偶者が65歳未満の場合、年額22万3800円（2022年度の場合）に老齢厚生年金を受けている人の生年月日によって特別加算額がプラスされます。1943年4月2日以降生まれの場合は、38万8900円を受け取れます。妻が65歳になった時点で終了なので、妻との**歳の差が大きいほうが加給年金を長く受給**することができます。たとえば、年の差が10歳ある夫婦の場合、夫が65歳のとき妻は55歳ですから、妻が65歳になるまでの10年間に400万円弱もらえることになります。加給年金は**働きながら受給しても、年金を減額されません**。ただし、厚生年金を繰下げると一緒に繰下がり、妻の年齢によってはもらえない場合があるので、注意が必要です。

子どもは18歳を迎える年度の3月31日までの間（もしくは20歳未満で障害1、2級の場合）、ひとり目、2人目の子はそれぞれ年額22万3800円、3人目以降の子は7万4600円がもらえます。

「加給年金」から「振替加算」になるケース

「加給年金」は対象者が65歳になると終わりですが、1966年4月1日以前に生まれた方は、そこから**「振替加算」を受けられます**。

加給年金の受給には申請が必要です。受給権者の戸籍抄本または戸籍謄本（記載事項証明書）、世帯全員の住民票の写し（続柄・筆頭者が記載されているもの）、加給年金額の対象者（配偶者や子）の所得証明書か非課税証明書のいずれか1点を年金事務所に提出します。振替加算の受給は基本的に手続き不要です。

※配偶者と子どもの年収が850万円未満という条件あり。

加給年金

対象者

- 厚生年金に20年以上加入している人
- 65歳になった時点で、65歳未満の配偶者（妻または夫）や対象年齢の子どもがいる人

支給期間と支給額

- 配偶者（年収850万円未満）が65歳になるまで、年22万3800円＋特別加算
- 子どもは18歳の年度末、障害1・2級は20歳未満まで、年22万3800円（第3子以降は7万4600万円）

注意

- 繰上げはできない
- 老齢厚生年金の繰下げ待機中は、加給年金は支給されない
- 配偶者に老齢厚生年金を受け取る権利があると、加給年金は支給が停止される場合がある

（2022年度の支給額）

振替加算

加給年金の対象者である65歳未満の配偶者が65歳以上になった時点で、加給年金がなくなり、かわりに配偶者本人が振替加算を受けられる。

例）夫が受け取っていた加給年金が、妻が65歳になって振替加算に変わる。

- 厚生年金に夫（妻）が20年以上加入し、妻（夫）の加入期間は20年未満
- 1966年4月1日以前に生まれた人など条件あり

支給期間と加算額

- 生年月日に応じた額（約1.5万円～ 22.3万円）が終身で加算される

注意

- 請求手続きが必要な場合がある
- 妻が老齢基礎年金の繰下げ待機中は、振替加算は支給されない
- 加給年金のない年上の妻も条件を満たせば支給される

「ねんきん定期便」への記載なし

加給年金・振替加算は「ねんきん定期便」に記載されません。加給年金より繰下げ受給を選ぶ方が得な場合や、申請をしないと振替加算がされないケースもあるので、対象者は年金事務所に確認をするとよいでしょう。

一家の主や配偶者が亡くなった後の年金①

遺族年金には「遺族基礎年金」と「遺族厚生年金」がある

「遺族基礎年金」は遺族が限定

公的年金には、65歳から支給される「老齢年金」のほか、公的年金に加入していた家族が亡くなったときに遺族がもらえる「遺族年金」があります。そして、遺族年金には国民年金から支給される「遺族基礎年金」と厚生年金から支給される「遺族厚生年金」があります。

「遺族基礎年金」は、国民年金加入者や老齢基礎年金の受給資格期間が25年以上ある方の遺族で、**子どものいる配偶者か18歳になる年度の3月31日を過ぎていない子ども、または20歳未満で障害年金の障害等級1級か2級の子ども**が受け取れます。子どものいない配偶者や孫、父母、祖父母は受け取れません。金額は一律で、子どものいる配偶者は、**年額77万７８００円+子どもの加算額（1人目、2人目は22万３８００円、３人目以降は7万４６００円）。子どもの場合は、年額77万７８００円+２人目以降の子どもの加算額**を、子どもが18歳になる年度の3月31日までか、障害年金の1級、2級の場合は20歳になるまで受け取れます。

「遺族厚生年金」は優先順位が高い遺族に

「遺族厚生年金」は、厚生年金に加入していた方の遺族（妻、18歳未満の子、夫、父母、孫、祖父母の順）が受け取れます。受け取り方は３つから選べます。**共働きで妻が先に亡くなった場合は、夫が55歳以上**であることが条件です。つまり、夫が54歳のときに妻が亡くなった場合は受給できないのです。夫が55歳以上の場合、受給は60歳からです。

40～65歳までに夫が亡くなり遺族厚生年金をもらっていた子どもが18歳を過ぎた場合や、40歳以上で子どものいない妻は、65歳になるまで年額58万３４００円が遺族厚生年金に加算されます（中高齢寡婦加算）。

遺族厚生年金を受給する場合、**妻は自分の年金を繰下げられません。**

●遺族基礎年金と遺族厚生年金

	遺族基礎年金	遺族厚生年金
主な条件	亡くなった人が、被保険期間中に $\frac{2}{3}$ 以上の保険料を納付していること ※死亡日が2026年3月末日までのときは、亡くなった人が65歳未満であれば、死亡日が含まれる月の前々月までの直近1年間に保険料の未納がなければよい	
支給対象者（生計を維持されていた遺族）	・子どものいる配偶者、または子ども ※子どもは18歳の年度末、障害1・2級は20歳未満 ※配偶者のみには支給されない（「寡婦年金」または「死亡一時金」が受給できる場合がある）	・子どものいる配偶者、または子ども ・子どものいない配偶者（男性は55歳以上） ・55歳以上の父母、孫、55歳以上の祖父母 ※以上の優先順位がもっとも高い人
支給額	77万7800円+子の加算 1～2人目の子ども　各22万3800円 3人目以降の子ども　各7万4600円	老齢厚生年金× $\frac{3}{4}$ または $\frac{1}{2}$ ※下記の受け取り方も参照
その他	・子どもが18歳の年度末（障害がある子どもは20歳）を迎えると支給停止。その後、妻は「寡婦年金」が受給できる場合がある。	・遺族厚生年金は終身で給付 ※ただし、夫の死亡時に30歳未満で、子どものいない妻は5年間のみ ・子どもと孫への給付は、18歳の年度末（障害がある子どもは20歳）まで。 ・対象者に「中高齢寡婦加算」がある

●遺族厚生年金の3つの受け取り方

❶遺族年金として、死亡した方の厚生年金（老齢厚生年金）の $\frac{3}{4}$

❷死亡した方の厚生年金の $\frac{2}{3}$ ＋ 自分の厚生年金の $\frac{1}{2}$

❸自分の厚生年金のみ

受給額がいちばん高くなるパターンを選びましょう。

残された妻と子どもに支給される遺族年金は？

夫が妻と18歳未満の子どもを残して亡くなった場合、夫が自営業者なら、遺族には子の加算がされた遺族基礎年金が、子どもが18歳になる年度末まで支給されます。 夫が会社員なら、これに加えて、妻に遺族厚生年金が終身で支給されます。

一家の主や配偶者が亡くなった後の年金②

遺族が請求できる「未支給年金」「寡婦年金」「死亡一時金」

故人が受け取れるはずだった「未支給年金」

年金を受給していた方が亡くなった場合には、**同じお財布で生活費を共有していた遺族**（配偶者、子ども、父母、孫、祖父母、兄弟姉妹、3親等以内の親族の順）が代わりに受け取ることができます。これを「**未支給年金**」といいます。生計を同じにしていたことが条件なので、同じお財布で生活していた人がいない場合は請求できません。

国民年金、厚生年金などの公的年金のほか、**企業年金や国民年金基金などの私的年金も未支給年金を受給できます。**公的年金の場合は、年金事務所か街角の年金相談センターに、未支給年金・保険給付請求書、亡くなった方の年金手帳や年金証書、基礎年金番号通知書、振込先金融機関の預金通帳などのコピー、亡くなった方との関係を確認できる書類（戸籍謄本、戸籍抄本など）、住民票（生計同一の確認のため）、世帯が別の場合は生計が同一であることを示す書類などを提出します。3、4カ月後に日本年金機構から通知書が送付され、金額が決定して、約50日後に振り込まれます。

未支給年金には相続税はかかりませんが、一時所得になるので所得税の取り扱いになります。特別控除額50万円を超えた場合には確定申告が必要です。亡くなってから**5年以内に申請しないと時効に**なります。

国民年金の遺族が受け取れる「寡婦年金」「死亡一時金」

そのほか、亡くなった夫が自営業やフリーランスの方など第1号被保険者の場合は「寡婦年金」や「死亡一時金」がもらえます。寡婦年金は、10年以上婚姻関係にある妻は60～65歳になるまでの5年間、夫の老齢基礎年金の4分の3をもらえます。また、夫が老齢基礎年金の受給前に亡くなった場合、遺族に最大32万円の死亡一時金が支給されます。

●「未支給年金」の2つのパターン

❶年金受給中に亡くなった方の「未支給年金」は1カ月または2カ月分

公的年金は2カ月まとめて偶数月に振り込まれます。6月に振り込まれる年金は4月と5月分なので、6月に亡くなった方の場合、6月分が未支給分。7月に亡くなった方の場合は、6月と7月分が未支給分になり、遺族が請求できます。年金は亡くなった月まで支払われます。

❷繰下げ待機中に亡くなった方の「未支給年金」は最大5年分

65歳から亡くなった月までの年金を遺族が受け取れます。ただし、さかのぼって請求できるのは最大5年です。

●国民年金加入者の遺族の「寡婦年金」と「死亡一時金」

	寡婦年金	死亡一時金
条件	国民年金の納付期間が免除期間も含め10年以上ある夫が、年金を受け取らずに亡くなった場合	国民年金の納付期間が3年以上ある人が、年金を受け取らずに亡くなった場合
対象者	事実婚を含む10年以上の継続した婚姻関係があり、生計を維持されていた妻	亡くなった人と生計を同一にしていた配偶者→子→父母→孫→祖父母→兄妹姉妹の順で、優先順位がもっとも高い人
支給額	夫の死亡前日までの老齢基礎年金額の $\frac{3}{4}$（60~65歳の5年間）	亡くなった人の保険料納付月数に応じて12万~32万円
その他	・夫が老齢基礎年金、障害基礎年金を受給したことがあれば給付されない ・妻が年金の繰上げ受給をしていると給付されない ・死亡一時金か寡婦年金のどちらか1つ	・遺族基礎年金を受給できる人がいる場合は支給されない ・付加年金（37ページ参照）を36カ月以上納めていた人には加算あり ・死亡の翌日から2年以内に請求

「未支給年金」の遺族の条件と手続き

未支給年金を請求できるのは、亡くなった方の死亡日に生計を同じくしていた遺族です。企業年金や国民年金基金などでも未支給年金は請求できますが、手続きは異なるので、企業年金連合会などに問い合わせてください。

離婚した場合の年金は？

婚姻期間の厚生年金は最大5：5に分割できる

話し合いで決める最大50％の「合意分割」

離婚した場合、老齢年金はどうなるでしょう？ 特に専業主婦の場合、国民年金しかもらえなくなってしまうのではないかと心配になるかもしれません。ですが、2007年4月以降に離婚した場合「合意分割制度」を利用すれば、会社員の夫が**結婚期間中に加入していた厚生年金の最大50％**を分割してもらうことができます。分割の割合については、基本的に話し合いで、妻の元の年金額を下回ることがないようにしながら決めます。夫が結婚前に加入していた分や、離婚後の分は含まれません。

共働きの場合には、夫婦の厚生年金記録を合算し、割合を決めて年金受給額の多いほうから少ないほうへと分割します。

手続きは、**離婚から2年以内**に、「標準報酬改定請求書」と、①基礎年金番号またはマイナンバーがわかるもの、②婚姻日と離婚日がわかるもの、③ふたりの生存が証明できるもの、④年金分割の割合がわかるものをそろえて、年金事務所に提出します。

話し合いが不要な「3号分割」

2008年5月以降に離婚した専業主婦（2008年4月1日以降に国民年金の第3号被保険者の期間がある方）は、「3号分割」を請求すれば、2008年4月以降の夫の厚生年金記録を半分に分割してもらえます。合意分割と違うのは、**申請すれば自動的に分割される**点です。話し合いをして、合意を取り付ける必要はありません。

手続きは離婚から2年以内に、「標準報酬改定請求書」と、①基礎年金番号またはマイナンバーがわかるもの、②婚姻日と離婚日がわかるもの、③ふたりの生存を証明できるものを、年金事務所に提出します。合意分割と3号分割の両方に該当する場合、併用して申請できます。

●離婚時の厚生年金の分割は2パターン

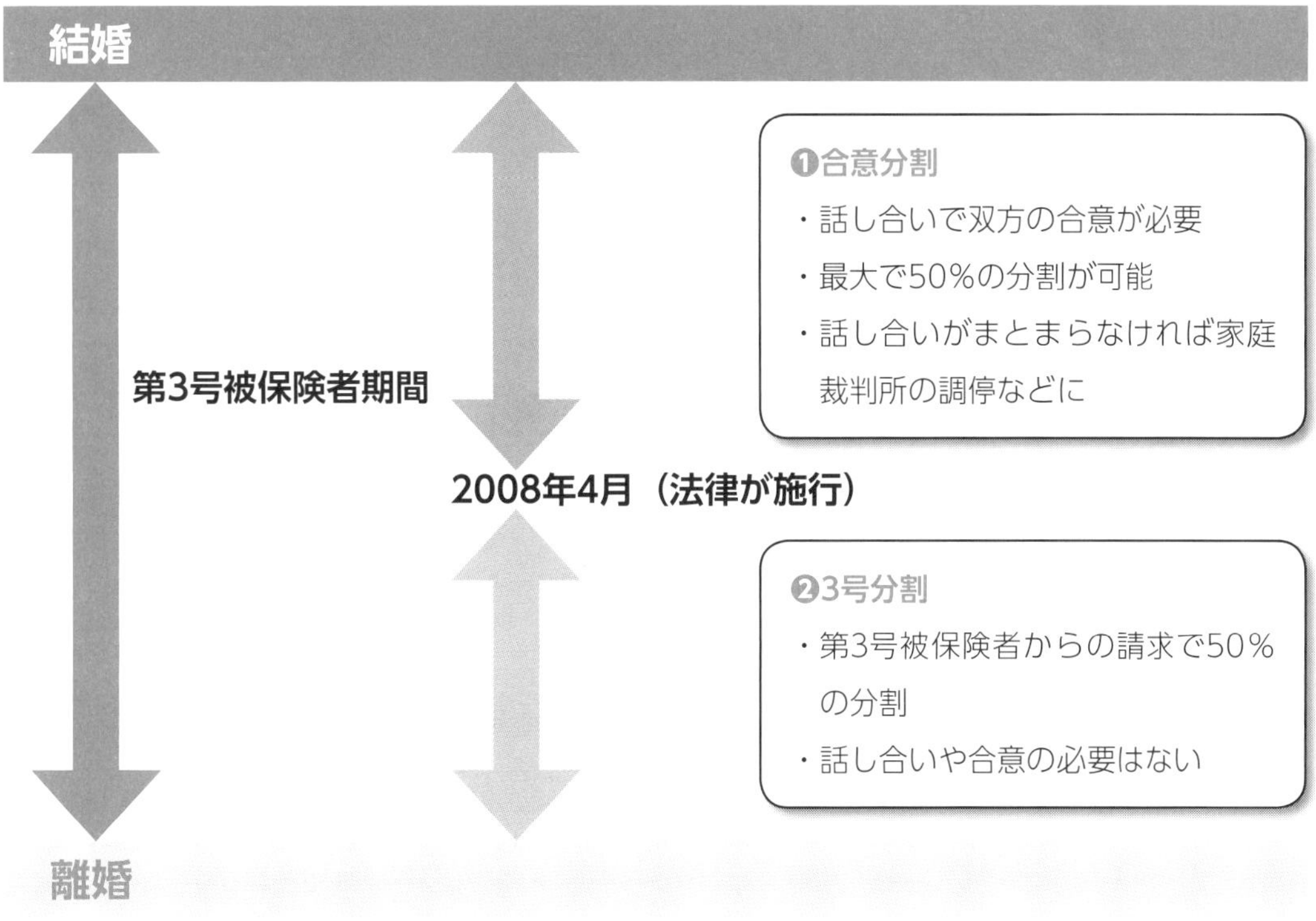
結婚
第3号被保険者期間
❶合意分割
・話し合いで双方の合意が必要
・最大で50%の分割が可能
・話し合いがまとまらなければ家庭裁判所の調停などに
2008年4月（法律が施行）
❷3号分割
・第3号被保険者からの請求で50%の分割
・話し合いや合意の必要はない
離婚

- 2008年4月をはさんで結婚期間のある人が離婚する場合には、2008年4月前の分は「合意分割」、2008年4月以降の分は「3号分割」として、2つを併用して申請することになる。
- 共働きで第3号被保険者期間のない夫婦の場合は「合意分割」になり、話し合いで厚生年金の多いほうから少ないほうに分割される。
- 「共済年金」も同様に分割される。
- 事実婚（内縁関係）でも、分割が認められる場合がある。
- 分割した年金は、自身の年金の受給開始年齢以降に受け取れる。

専業主婦（夫）の期間が長い方ほど注意

専業主婦（夫）で第3号被保険者期間が長い方が離婚すると、もらえる年金がほぼ国民年金（老齢基礎年金）のみということにもなりかねません。離婚の翌日から2年以内に必ず分割の請求を。

私的年金とはどんなもの？

公的年金以外の「自分で用意するお金」

「ＷＰＰ」１番目のＰ

私的年金は義務ではなく、**個人の意思で加入する公的の上乗せとなる年金制度**です。会社員や公務員などの場合は３階建ての３階部分、自営業やフリーランス（第１号被保険者）の場合は２階部分になります。冒頭でお話しした「ＷＰＰ」の１番目のＰ（Private pensions）に当たり、**現役世代を退いたあと公的資金を受けるまでの「つなぎ」のような役目**を果たす資金です。

具体的には、国民年金基金、個人型確定拠出年金（ｉＤｅＣｏ）、厚生年金基金、確定給付企業年金（ＤＢ）、企業型確定拠出年金（ＤＣ）、年金払い退職金などがあります。あとは、つみたてＮＩＳＡなどの投資や貯蓄なども「公的年金に移行するまでに使う資金」として活用することができます。

公的年金の繰下げには私的年金の用意が必須

公的年金が75歳まで繰下げできるようになり、政府は企業に、70歳まで働ける環境を整えるよう要請しています。65歳定年の企業も少しずつ増えてきてはいるものの、いまだ60歳定年の企業が多数を占めているのも事実です。厚生労働省の「令和３年高年齢者雇用状況等報告」によれば、年齢による定年を設けている企業のうち、65歳定年は約21・1％。定年が65歳以上なのは３％、定年廃止が４％。いまだ60歳定年が多いです。60歳定年の人の85・5％が再雇用されていますが、**収入は現役時代の3割減くらいに**。60歳を過ぎると現役と同じ収入はまず見込めません。さらにいえば、**定年前の55歳で役職定年**となり給与が右肩下がりに、というケースも増えています。一方、公的年金の支給開始年齢は68歳や70歳になるのではないか？　とか、金額が引き下げられるという声は以前からささやかれています。そこで重要となるのが、「私的年金」なのです。

主な私的年金

iDeCo（個人型確定拠出年金）			
国民年金基金	企業年金(DB・DC)・厚生年金基金	年金払い退職給付	
第1号被保険者	第2号被保険者		第3号被保険者
自営業者、パート、学生など	会社員、一部のパートなど	公務員	専業主婦(夫)など第2号被保険者に扶養されている配偶者

※「国民年金基金」は公的な年金制度ですが、加入は任意のため私的年金として紹介しています。

定年制の廃止および65歳以上定年企業の状況

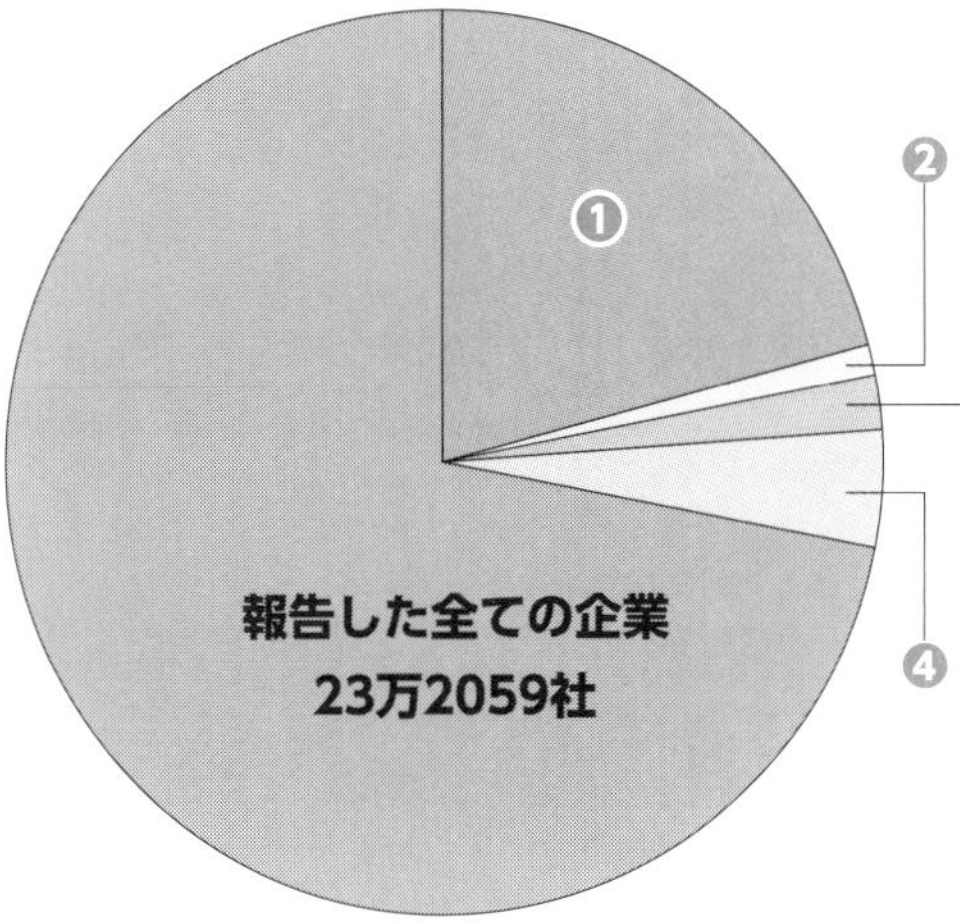

①65歳定年は21.1％

②66～69歳定年は1.1％

③70歳以上定年は1.9％

④定年制の廃止は4％

ただし、65歳までの勤務延長制度や再雇用制度がある企業は99.7％で、うち、継続雇用制度の導入が71.9％。

(厚生労働省 令和3年「高年齢者雇用状況等報告」より)

60 ～ 64歳の7割の方が働いています

総務省統計局の発表によれば、60歳以降も働いている方は年々増えています。2021年の就業率は、60 ～ 64歳で71.5％、65 ～ 69歳で50.3％、70 ～ 74歳で32.6％と、70歳以上の方も3人にひとりが働いています（2022年「労働力調査」より）

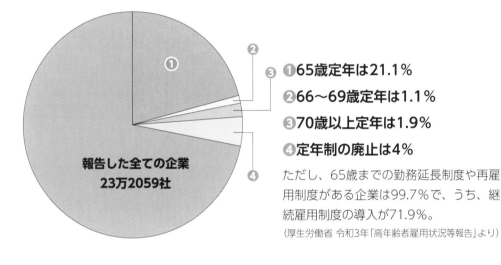

3階部分の「企業年金」はどんなもの？

厚生年金基金、確定給付企業年金（DB）、企業型確定拠出年金（DC）

「厚生年金基金」から DB、DCへ

私的年金のうち、「確定給付企業年金（DB）」「企業型確定拠出年金（DC）」「厚生年金基金」はいわゆる「企業年金」といわれるものです。

厚生年金基金は、「厚生年金」と名前は似ていますが別ものです。基金が国に代わって厚生年金の一部を預り、上乗せして老齢年金を支給します。かつては企業年金の主流でしたが、社会情勢の変化などで基金の数が減少し、新設できなくなりました。そのため企業型確定拠出年金（DC）への移行が進んでいます。

DBは受け取る額が確定 DCは支払う額が確定

DBは「Defined Benefit Plan」の略で、**あらかじめ従業員が定年時にもらえる金額が確定**しています。企業が掛け金を出して運用する年金です。従業員が受給できる金額は保障されていますが、企業側の利益は保障されていないので、運用に失敗した場合、企業側にはリスクがあります。DCは「Defined Contribution Plan」の略で、**毎月の掛け金が確定**しています。個人の責任で商品を選んでもらい、その成果によって退職時に支給される金額が変わります。利益は確定していないので、企業側のリスクは少なくなります。企業は退職金制度として定額制や給与比例制、ポイント制などを取り入れていますが、これに加えるまたは代えてDBやDCを運用する企業もあります。ですが、掛け金の額は制度の上限額のなかで企業が決めます。DCでは、それを超えない範囲で、従業員が掛け金を自己負担して運用する「マッチング拠出」もあります。利用できるかは規約で決められています。DCの制度上、掛け金の上限はDCだけの場合、最大5万5000円、DBとDCの両方を運用している場合には2万7500円です（2022年10月現在。2024年10月変更予定）。

●DBとDCは「確定しているもの」が違う

	確定給付企業年金（ＤＢ）	企業型確定拠出年金（ＤＣ）
確定しているもの	定年時に受け取る金額（給付）	毎月の掛け金（拠出）
運用	会社が運用してくれる	自分で運用商品を選ぶ
受け取る金額	会社が運用に失敗したとしても、受け取る金額は変わらない	自分で選んだ商品の運用成績によって、受け取る金額が変わる

個人型確定拠出年金が「iDeCo」です。

●「マッチング拠出」から「iDeCo」への乗り換え

一部では、追加で商品を選び、自分で掛け金を増やすことのできる「マッチング拠出」という、自分で掛け金を拠出する制度を取る企業もあります。イメージとしては企業型ＤＣの「大盛り」です。

ただ、企業の掛け金を超えない金額しか掛けられない、選べる商品が少ないなど制約も多く、個人型DCである「iDeCo」に比べて自由度が低いかもしれません。

マッチング拠出はiDeCoとの併用ができないので、マッチング拠出からiDeCoに乗り換えたい場合には、マッチング拠出の利用をやめ、これまでマッチング拠出として掛けていた分はそのまま置いておき、新たに別口座を開いて、iDeCoに加入する形になります。

「厚生年金基金」と「厚生年金」は別もの

「厚生年金基金」は厚生年金とは別な制度です。56ページで説明する「国民年金基金」も国民年金とは違います。名前がまぎらわしいこともあり、混同されがちですが、「ねんきん定期便」には載ってこない年金なので注意しましょう。

自営業やフリーランスの年金は？

「国民年金基金」「小規模企業共済」よりiDeCo、付加年金を

「国民年金基金」は制約に注意

自営業やフリーランスなど、第1号被保険者の方向けに「国民年金基金」や「小規模企業共済」があります。

国民年金基金は「口数制」で、1口目は65歳支給開始の終身保険。80歳までの15年間受給が保証される「A型」か、15年保証のない「B型」を選びます。2口目からは、終身型か支給開始時期、支払い期間を選べる確定年金（全5種類）を選べます。掛け金はコースや性別、加入時の年齢などによって異なります。

ただ、制約も多いので注意が必要です。途中で**任意脱退ができないほか、金額の上限がiDeCoと共有なので、国民年金基金をやるとその分iDeCoに掛けられなくなります**。また、国民年金基金に加入すると**国民年金に「付加年金」をつけられなくなります**。

「付加年金」は、国民年金の加入期間40年以内であれば、65歳までの間、国民年金保険料に月400円をプラスして払い込むと、老齢基礎年金に**「200円×払い込んだ納付月数」分が増額**されて支給されます。約2年で元が取れますし、全額が所得控除の対象になるので節税対策にも。**国民年金基金より、iDeCoと付加年金でしっかりと増やしていくほうがおすすめ**です。

「小規模企業共済」も注意が必要

小規模企業共済は、**個人事業主、会社経営者向けの退職金制度**です。毎月1000～7万円まで500円単位で掛け金を設定し、退職や廃業の際は退職金代わりに受け取ります。掛け金が全額所得控除になるほか、掛け金の金額の7～9割分を低金利で借りることができます。ただ、**加入20年未満で解約すると元本割れ**するので、注意が必要です。同じ金額を掛けるなら後述する「つみたてNISA」を利用したほうが所得控除はないけれど使い勝手も利回りもよいです。やるなら投資を十分に行ったあとの次の手に。

※「国民年金基金」制度は、国民年金法の規定に基づく公的な年金制度ですが、任意で加入する制度であるため私的年金として紹介しています

●国民年金基金と小規模企業共済の主な特徴

	国民年金基金	小規模企業共済
対象者	自営業やフリーランスの第1号被保険者	従業員20人以下（業種により5人以下も可）の個人事業主や会社経営者など
加入年齢	20歳以上60歳未満 国民年金に任意加入している60歳以上65歳未満	年齢の上限なし
掛金（月額）	iDeCoと合わせて6万8000円まで	1000 ～ 7万円まで、500円単位で設定可能
受け取り	1口目　終身年金 2口目以降　終身または確定年金	一括または分割、一括と分割の併用
税制メリットほか	掛け金は全額所得控除 受け取り時に公的年金等控除	掛け金は全額所得控除 受け取り時に退職所得控除（一括）または公的年金等控除（分割） 掛け金の一部を低金利で借りられる
注　意	任意脱退ができない 国民年金の「付加年金」がつけられない iDeCoの上限額が減る	加入期間20年未満での解約は元本割れする

●国民年金基金は「口数制」

【1口目】65歳支給開始の終身年金、A型またはB型を1つを選択

・A型　80歳までの15年間受給が保証（80歳の前に亡くなった場合は遺族に支給）
・B型　保証期間なし

【2口目】終身年金と確定年金の7種類から組み合わせ自由に選択

終身年金（A型・B型の2種類）と、支給開始時期（60歳から65歳）、支払い期間（5年、10年、15年）を選べる確定年金（全5種類）から選べる。確定年金は遺族への一時金の保証あり

【掛け金】

コースや性別、加入時の年齢などによって異なる

iDeCo、つみたてNISAとの比較検討も

「国民年金基金」や「小規模企業共済」には、メリットとデメリットの両方があります。私的年金をしっかり増やしたいのであれば、iDeCoやつみたてNISAの方がいい場合もあるので、比較検討してみることをおすすめします。

自分でつくる年金「iDeCo」のお得度は？

加入年齢の引き上げで節税メリットも延長

加入も受け取りも5年延長

個人型確定拠出年金「ｉＤｅＣｏ（イデコ）」は、年金にプラスして自分で加入できる私的年金の1つで、国民年金基金連合会が運営しています。２０２２年の年金改正で、**加入年齢が59歳から64歳までに延長されました**。それにより、60歳以降で国民年金に任意加入している方や会社員・公務員、海外に住んでいる方も加入できるようになりました。ただ、**国民年金に40年（４８０カ月）加入している人はｉＤｅＣｏに入れません**。60歳以降、会社で働いて厚生年金に加入している人は64歳まで加入可能です。受け取り開始年齢は70歳から最大75歳まで延長されました。

企業ＤＣ加入者も対象に

これまで企業型確定拠出年金（ＤＣ）に加入している会社員はｉＤｅＣｏに加入できませんでしたが、２０２２年10月から加入可能になりました。これまでも会社員はｉＤｅＣｏに加入することが認められていましたが、ＤＣのある会社員は規約により加入することができなかったのです。また掛け金の上限も見直され、ＤＢのある会社員、公務員は２０２４年12月に月額２万円に引き上げられます。

60歳以降の方で「今さら遅いかも」と思っている方にも検討いただきたいと思います。というのも、ｉＤｅＣｏで運用する投資信託は複利効果が大きいからです。複利は運用で得た利益を再投資するので元本がどんどん大きくなり、それとともに利益も増えます。拠出できるのは64歳までですし、運用の成果としても最初の5年だけ見ると利益は少なく見えるかもしれません。ですが、後半5年の伸びが大きいので、60歳からはじめて70歳に受け取っても、増える可能性は高いです。**掛け金は全額所得控除、受け取り時も所得控除などを受けられます。また、運用益も非課税になります。**

●iDeCo（個人型確定拠出年金）

	これまで	現在
利用できる人	20歳から59歳までの 国民年金・厚生年金加入者	左に加えて、60歳から64歳までの ・国民年金任意加入者 ・厚生年金加入者 20歳から64歳までの海外居住者の国民年金任意加入者
受給開始期間	60歳から70歳まで10年間	60歳から75歳まで15年間 （75歳では一時金で受け取り）
年間限度額	上限14.4万～ 81.6万円	
解約・引き出し	60歳まで引き出し不可（60歳の時点で加入期間が10年に満たない場合は、引き出し年齢が繰下げられる）	
節税メリット	・掛け金が全額所得控除 ・運用益が非課税 ・受け取り時に所得控除（「退職所得控除」「公的年金等控除」）	
その他	死亡一時金、障害給付金としても受給できる 加入時や口座維持などに手数料がかかる	
主な商品	投資信託、定期預金	

●iDeCoの年間限度額

対象者		年間（月額）
第1号被保険者	自営業・フリーランス・学生など	81万6000円（6万8000円） ※国民年金基金または国民年金の付加保険料と合算
第2号被保険者	会社員（企業年金なし）	27万6000円（2万3000円）
	会社員（企業型DCのみ）	24万円（2万円）
	会社員（企業型DCとDBあり）	14万4000円（1万2000円） ※2024年12月より24万円（2万円）に引き上げ
	会社員（企業DBのみ）	14万4000円（1万2000円） ※2024年12月より24万円（2万円）に引き上げ
	公務員	14万4000円（1万2000円） ※2024年12月より24万円（2万円）に引き上げ
第3号被保険者	第2号被保険者の被扶養配偶者	27万6000円（2万3000円）

期間延長のメリット2つ

iDeCoの加入期間が延びたことで、投資信託は複利の効果で金額の増える可能性が高くなります。また、受け取り期間が延びたことでは、リーマンショックのような金融危機が起こっても、回復を待つなど、リスクヘッジできるようになったといえます。

私的年金の受け取りは一括？分割？

受け取り方で社会保険料や税金が変わる

一括は、控除のメリットが大

国民年金、厚生年金、年金払い退職給付、企業年金、ｉＤｅＣｏなど……年金として受け取るものにはいろいろあります。いずれの場合も、**受け取るためには請求する必要**があります。その際に悩むのが、受け取り方です。公的年金は2カ月に1度支給されることが決まっていますが、それ以外のものは一括、分割など選べることが多いです。給与に退職金を上乗せする「前払い退職金制度」を選べる企業もあります。では、どのような受け取り方をするのがいいでしょうか。

ｉＤｅＣｏや多くの退職金、企業年金は、①年金として分割して受け取る ②一時金として一括で受け取る ③一部を一時金として受け取り、残りを年金で受け取る、の3つから選ぶことができます。**一般的に税金が安くなるのは、一時金として一括で受給する方法**です。勤務年数が長くなると増える退職所得控除がありますし、控除額を超えた金額も課税されるのはその2分の1だけです。

ただ、まとまった金額のお金を手にすることになるので気が大きくなって、ついぜいたくしたり、あやしい投資に手を出したりする人も多いもの。自分で管理できる自信がない場合には、年金型のほうが安心でしょう。

分割は社会保険料も考慮

分割で年金として受け取る場合には、金額により税金や**社会保険料がかかります**。社会保険料の負担額は税金以上に大きいです。定期的にお金を受け取ると生活は安定しますが、手取りが減るのはデメリットかもしれません。

前払いの制度を利用していた場合には、退職金などとして受け取れる金額が少ない、またはないので注意が必要です。一度、退職金や年金を含め、全部でいくらもらえるかを確認のうえ、どう受け取るか、不足分をいかにつくるかを考えましょう。

●一般的な私的年金の受け取り方法

	❶年金（分割）	❷一時金（一括）	❸一時金と年金を併用	前払い退職金
メリット	生活が安定する	退職所得控除により、税金が１番安くなる場合が多い	生活が安定する 退職金が退職所得控除額を超える方には有利な場合も	毎月の給与が増える
デメリット	年金収入は「雑所得」として、税金や社会保険料がかかる	大金を前に気が大きくなり、贈与やあやしい投資話などに手を出しやすくなる	年金収入は「雑所得」として、税金や社会保険料がかかる	収入に応じて、税金や社会保険料が増える場合がある
税制優遇	公的年金等控除 （70ページを参照）	退職所得控除	退職所得控除と 公的年金等控除	――

●退職所得控除額の計算方法

勤続年数	退職所得控除額
20年以下の場合	40万円 × 勤続年数（80万円に満たない場合には、80万円）
20年超の場合	800万円 ＋ 70万円 ×（勤続年数 － 20年）

パターン❶

勤続年数14年2カ月のAさん（端数の2カ月は1年に切上げ）

40万円　×　15年　＝　600万円

パターン❷

勤続年数30年のBさん

800万円　＋　70万円　×（30年 － 20年）＝　1500万円

※障害者になったことが原因での退職、以前にも退職金を受け取っている場合、同じ年に2カ所以上から退職金を受け取る場合などは、計算が異なることがある。

自分の「退職所得控除額」を確認する

退職所得控除の額は、人によって違います。退職金やiDeCoなどを一括で受け取ると、退職所得控除の額を超えてしまう場合があります。超えた分には税金がかかります。一部を年金で受け取り、「公的年金等控除」の対象にするなどの方法もあります。

自分でつくる老後資金NISA

iDeCoと比べたNISAのいいところ

2024年からは新NISAがはじまる

NISA（ニーサ）は**個人投資家向けの税制優遇制度**で、「一般NISA」「つみたてNISA」「ジュニアNISA」の3つあります。日本証券業協会の調査によれば、3つのうち口座数がもっとも多いのは一般NISAですが、つみたてNISAの新規加入が増えていて、差は縮まっています。

2024年には、一般NISAが新しく「新NISA」となる予定です。投資できるのは2028年までです。一般NISAでは、毎年120万円が非課税投資枠ですが、これが「2階建て構造」になります。

1階部分がつみたてNISAと同じ積立投資信託の枠（20万円）、2階が積立投資信託以外（個別株、ETF、REITなど）も買える枠（102万円）になります。トータルで122万円と非課税枠が2万円増えます。また、1階部分は非課税期間の5年を経過するとつみたてNISA（非課税期間20年）に移行することができます（ロールオーバー）。

1階部分の5年間と合わせ、最長で25年保有することができるというわけです。しかも、運用して増えた「時価」ではなく、積み立てた金額の「簿価」でのロールオーバーなので、その年のつみたてNISAの40万円の枠を少なくとも20万円分使えます。

現行の制度では、株の中上級者なら、個別株も買える一般NISAを運用するのもいいですが、そうでない場合は**つみたてNISAで月3万3000円、夫婦なら月6万6000円ずつ運用していけば十分**です。

iDeCoかNISAを比べた場合、掛け金や受け取り時の所得控除など税金面のスペックで有利なのは「iDeCo」。ですが、60歳までは引き出せないので、手軽さを求めるなら、いつでも引き出せる「つみたてNISA」です。

●一般NISAと新NISAのイメージ

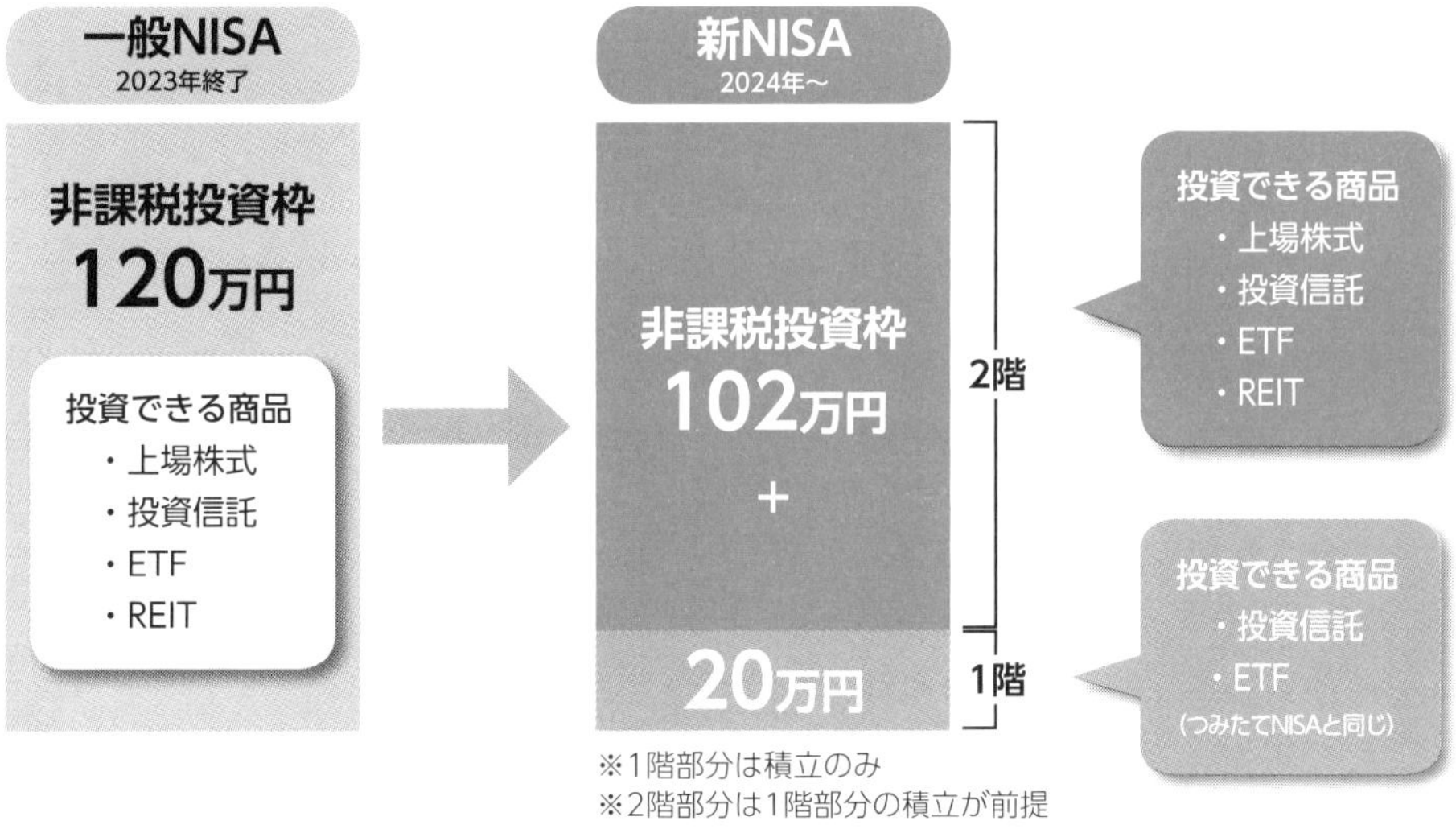

●証券会社におけるNISA口座数の推移

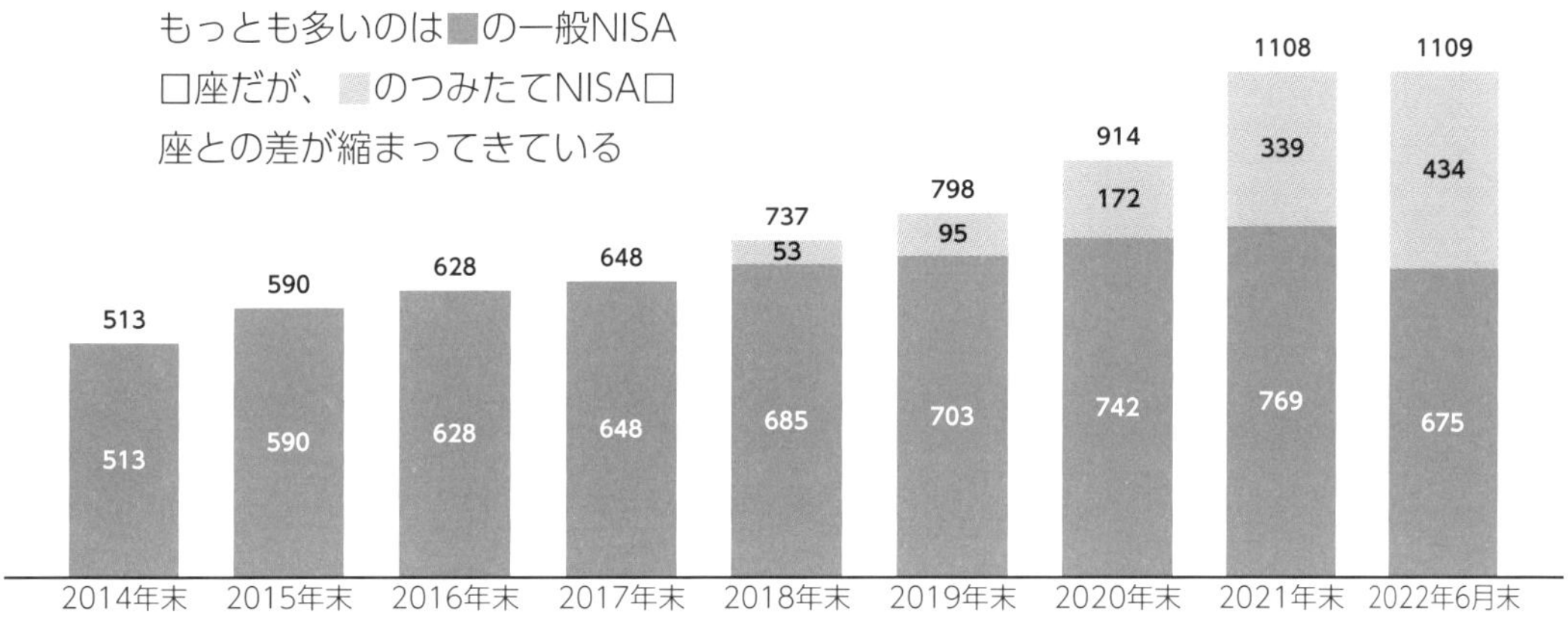

※単位は万口座
※端数処理の関係で、総数と内訳が一致しない場合あり
※番号未告知者の勘定未設定口座が2022年1月1日をもって廃止されたことにより、2022年の一般NISA口座数が一時的に減少している。

（「NISA口座開設・利用状況調査結果」（2022年6月30日現在）日本証券業協会より）

「つみたてNISA」か「新NISA」か？

「つみたてNISA」と「一般NISA（2024年からは新NISA）」は併用できませんが、1年に1度変更可能です。新NISAの投資枠は2万円増えますが、個別株をはじめたい方以外には、変更するメリットはありません。「つみたてNISA」を続けていきましょう。

公的な「介護保険制度」を知っておく

介護サービスを1～3割の自己負担で受けられる

介護保険制度とは

公的な介護保険は、民間の介護保険とは異なります。**お金が支給されるのではなく、介護サービスなどを受ける費用を負担してくれる**保険です。65歳以上の方と40～64歳の特定疾病（末期がん、関節リウマチなど16の疾病）の方で**「要介護認定」を受けた方が、原則自己負担1割で受けられます（一定以上の所得がある場合は2割または3割に）**。限度額を超えた分は全額自己負担です。要介護認定には「要支援（1、2）～要介護（1～5）」までの7段階があり、それぞれ受けられるサービスや金額の上限が決まっています。たとえば、要介護1の上限は16万7650円なので、自己負担1割の場合、最大で月額1万6765円です。

要介護認定を受けるには、本人か家族が、住んでいる市区町村の窓口や地域包括支援センターで申請します。その後、聞き取り調査や主治医による検査（主治医意見書の作成）があり、一次判定（コンピュータ）、二次判定（介護認定審査会の審査）を経て要介護度が認定されます。要支援の方は地域包括支援センター、要介護の方はケアマネジャーのいる居宅介護支援事業者に「ケアプラン」（サービス計画書）を作成してもらい利用開始です。

サービスは、ケアプランの作成や相談、ホームヘルパーによる掃除、洗濯、買い物などの代行、入浴の世話、訪問リハビリ、訪問看護、介護施設でのサービス（日帰り、宿泊）などのほか、介護ベッドや車イスなど福祉用具のレンタル、入浴・トイレに必要な用具の購入費用の補助（最大10万円）、バリアフリーのための住居改修工事費用の補助（最大20万円）など多岐にわたります。また、介護保険施設（特別養護老人ホーム〈特養〉、介護老人保健施設〈老健〉、介護療養型医療施設〈療養病床〉）や介護付き有料老人ホームで「特定施設入居者生活介護」の指定を受けている施設でも介護保険を使えます（一部適応外のサービスがあります）。

●要支援と要介護

要支援状態

日常生活上の基本的動作については、ほぼ自分で行うことが可能で介護の必要はないが、生活の一部について何らかの支援を要する状態。

要介護状態

日常生活上の基本的動作についても、自分で行うことが困難であり、何らかの介護を要する状態。

●介護保険の支給限度額と割合別の自己負担額

	1カ月あたりの支給限度額	1割負担の場合	2割負担の場合	3割負担の場合
要支援 1	5万320円	5032円	1万64円	1万5096円
要支援 2	10万5310円	1万531円	2万1062円	3万1593円
要介護 1	16万7650円	1万6765円	3万3530円	5万295円
要介護 2	19万7050円	1万9705円	3万9410円	5万9115円
要介護 3	27万480円	2万7048円	5万4096円	8万1144円
要介護 4	30万9380円	3万938円	6万1876円	9万2814円
要介護 5	36万2170円	3万6217円	7万2434円	10万8651円

- 1カ月の限度額を超えた分は、全額自己負担になります。
- 自己負担の割合は、所得により1 ～ 3割と変わります。
- 40 ～ 64歳の方は、所得にかかわらず1割負担です。

「高額介護サービス費」もあります

1カ月に支払った利用者負担の合計が、負担限度額を超えた分を払い戻してくれる制度が「高額介護サービス費」です。個人や世帯の所得によって限度額が変わってきますが、一般的な所得だと負担限度額は月4万4400円です。こういう制度があることも知っておくと安心ですね。

介護保険や認知症保険、入ったほうがいい？

将来に備えるなら、保険加入より貯蓄を優先

保険料は総じて高額

最近は、介護や認知症に対応する民間の介護保険も増えています。内閣府の「高齢社会白書（令和４年版）」によれば、65歳以上で要支援や要介護の認定を受けた人は６５５・８万人（２０１９年度）。10年間で１８６・２万人増加しています。公的な介護保険もありますが、民間の介護保険にも加入して、将来に備えたほうがいいのでは？　と思う方もいるでしょう。

公的介護保険は「物やサービスの支給」が主ですが、**民間の介護保険は「現金の給付」**になります。公的介護保険で生じる自己負担金をカバーし、介護の経済面での負担を軽減する役割があります。

保険期間は「終身」と「有期」の２タイプ、保険金の給付は「一時金」「年金」「併用」の３タイプがあります。また、「貯蓄型」「掛け捨て型」など、その保険のタイプと年齢によって保険料は変わります。

民間の介護保険は公的な介護保険と異なり、40歳未満でも給付を受けられるなどのよさはあります。

一方で、商品によっては、**介護認定を受けても保険会社の基準を満たしていなければ保険金は給付されなかったり、何より保険料が高くなりがち**だったりします。

介護が必要となる原因の1位に認知症がありますが、近年のニーズの高まりとともに、介護保険の中で認知症に特化した保険商品の数が増えています。保険料は介護保険よりは手頃ですが、保障の範囲は商品によってさまざまです。

自分で運用するメリットも考える

介護にかかるお金はたしかに心配だと思います。けれど、割高な保険料を今の家計で負担してまで備える必要があるのか。それとも、その分を「老後の資金」として運用しながら、大きくお金を貯めていくのか。

どちらが自分たちに合っているのかを、内容を理解したうえで検討してみましょう。

●65歳以上の要介護者数の推移

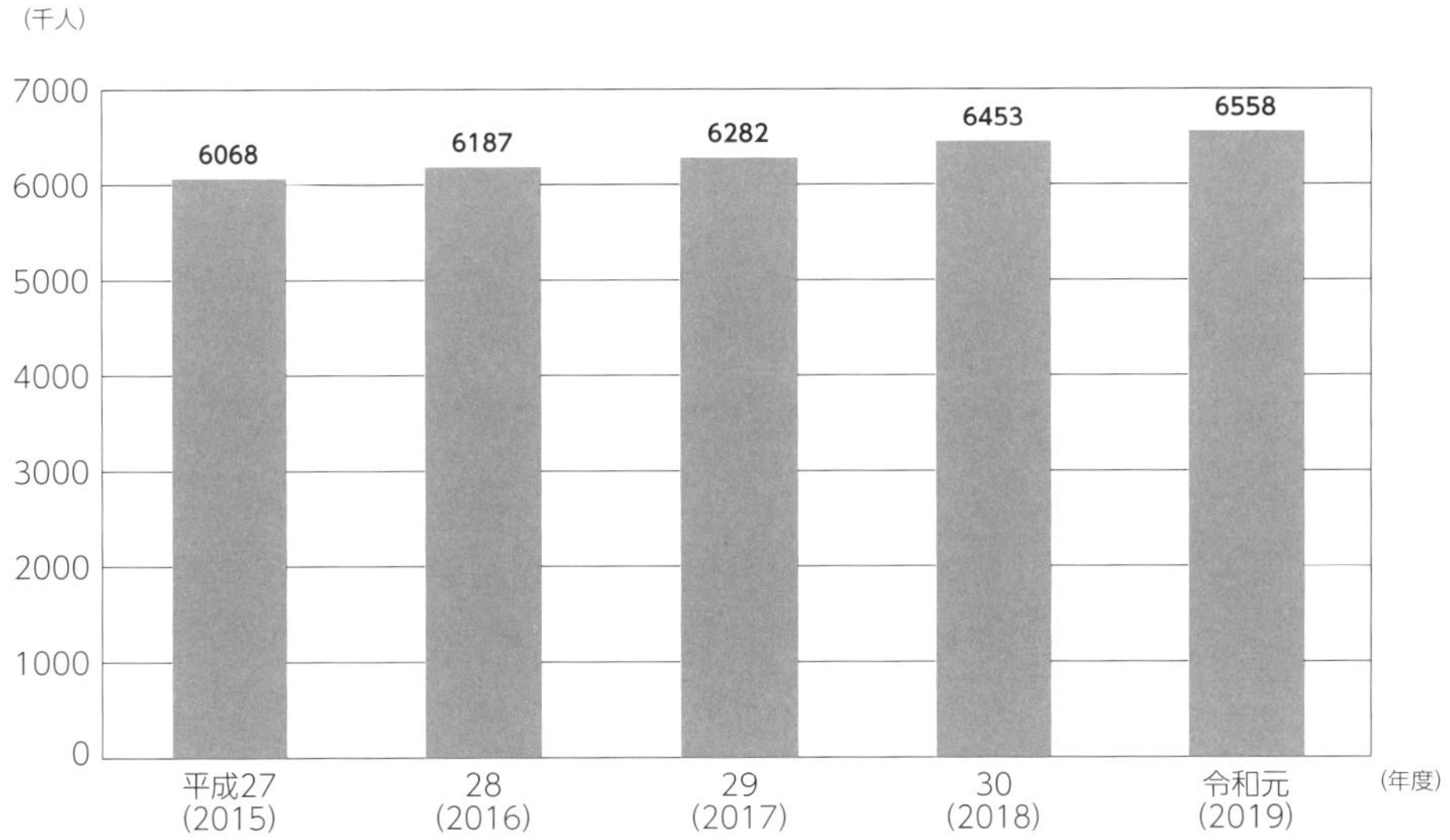

※65歳以上の第1号被保険者の認定者数
※要支援と要介護を合わせたもの

(内閣府「高齢社会白書（令和4年版）」をもとに作成)

●要介護認定の状況

(単位：千人)

65~74歳		75歳以上	
要支援	要介護	要支援	要介護
234（1.4%）	493（2.9%）	1613（8.8%）	4219（23.1%）

※経過的介護者を除く
※（　）内は、65~74歳、75歳以上それぞれの被保険者に占める割合。

(内閣府「高齢社会白書（令和4年版）」をもとに作成)

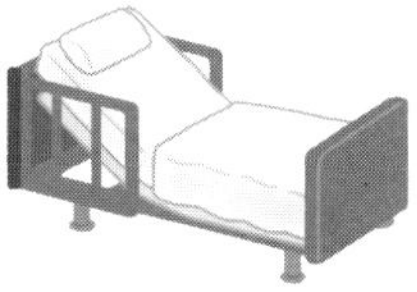

公的な「介護保険制度」を理解しておく

要支援・要介護者数が増え続けていることから考えても、民間の介護保険や認知症保険は割高になります。保険への加入は、公的な「介護保険制度」(64ページ参照）をよく理解したうえで検討されることをおすすめします。

将来に備えて、個人年金保険は必要？

「貯蓄性」を求めるなら、保険より投資

利回りでインフレに勝てない

民間の保険会社が取り扱っている「個人年金保険」。毎月保険料を払い、60歳や65歳など、一定の年齢になったら、年金や一時金として受け取ることができます。払い込んだ保険料の総額を上回る年金を受け取れる商品が多く、死亡保障もついているし、お得だと考える方もいるかもしれません。ただ、**「貯蓄性」で考えると一概におすすめとはいえません。**

ある個人年金保険商品の試算をしてみましょう。たとえば、50歳から65歳までの15年間、毎月2万円（総額３６０万円）を払い込み、75歳から10年間受け取れる保険商品の年金の累計額は３７０・４万円です。

つまり、50歳から受け取り終了時の85歳になるまでの35年間に、３６０万円が３７０・４万円になっています。35年間で10・4万円増えたという計算で単純利回りは０・０８％です。

一方、日本では連日、商品の値上げがニュースになっていますが、消費者物価指数は＋３％（２０２２年9月時点）ほど。つまり、**インフレに利率が追い付いていない状態**です。今後もインフレが進むことが予想されるなか、すでにインフレに負けている個人年金保険は、加入してもあまり意味がないように思います。

貯蓄と保険は分けて考える

保険には「保障」と「貯蓄」の2つの側面があります。もし**「貯蓄」を求めるならば、保険商品に頼るのではなく、投資を行うほうがずっと効率的**です。「貯蓄型の保険に入っておけば、保障と貯蓄の両方を一度に得られるからお得」と考えるかもしれませんが、残念ながらどちらも中途半端な結果に終わることが多いです。保険は月単位の金額で考えるのではなく、60歳まで支払ったらどうなるか？　という視点から一度見直しましょう。本当に必要かどうかが見えてくるはずです。

●個人年金保険のイメージ

10年確定年金、支払い開始75歳、基本年金額37万400円の場合

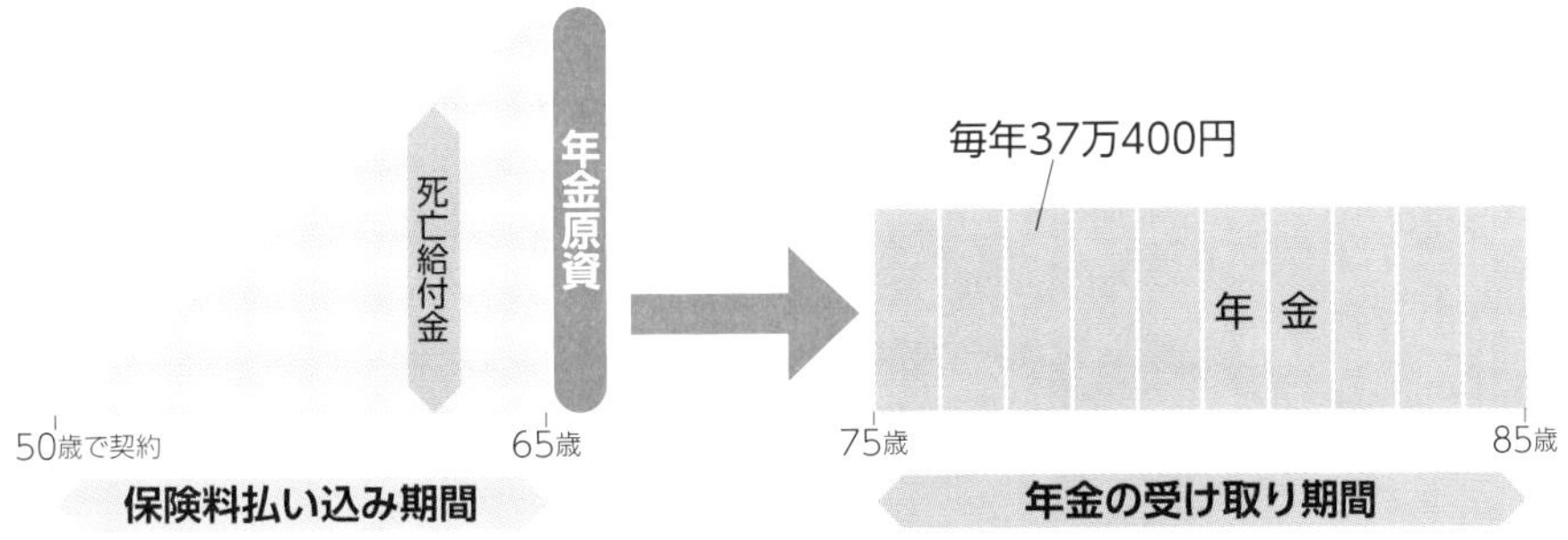

被保険者（＝年金受取人）が年金の受給開始の前に亡くなった場合、払い込み済みの保険料相当額の死亡給付金が遺族に支払われる。年金の受け取り期間中に亡くなった場合、確定年金や保証期間付年金などで保証された期間中は、遺族に年金が支払われる。

●個人年金保険の主なメリットとデメリット

メリット	デメリット
●簡単に引き出せないので、貯蓄が苦手でも老後資金を計画的に準備できる ●生命保険料控除が受けられる（条件あり）	●途中解約すると、元本割れをする場合がある⇒流動性が低い ●インフレに弱い

まずは公的な制度から利用

個人年金保険にも生命保険料控除などはありますが、「iDeCo」や「つみたてNISA」ほど大きな税制メリットとはいえません。まずは運用益が非課税になる「iDeCo」や「つみたてNISA」などの公的な制度をしっかり利用することをおすすめします。

年金の実際の「手取り額」は？

ねんきん定期便に記載された額は「額面」

年金収入にも税金や社会保険料がかかる

毎年誕生月に送られてくる「ねんきん定期便」や「ねんきんネット」で年金支給額が確認できますが、間違えてはいけないのは、**記載されている金額が「額面」**だという点です。そこから**税金や社会保険料分を差し引いたものが実際に使える「手取り額」**になります。収入によって税金や社会保険料は異なりますが、手取り額はだいたい額面より15～20％低いと考えておきましょう。

年金は「雑所得」として扱われ、**給与収入や事業収入と合わせて所得税や住民税の計算対象となります**。所得税の税率は課税所得の金額により5～45％。復興特別所得税もかかります。住民税は一律10％です。国民健康保険料は自治体によって保険料率が異なります。

75歳以降は会社の健康保険、国民健康保険料に代わって後期高齢者医療保険料を支払います。

そのほか、※介護保険料もかかります。多くの方は60歳を過ぎると国民年金保険料の支払いはなくなりますが、会社で仕事を続ける場合には70歳まで厚生年金保険料も払い続けます。

ちなみに、遺族年金と障害年金を受給する場合は非課税です。

「公的年金等控除」がある

老齢年金には税金が軽減される「公的年金等控除」という制度があります。年齢と所得によって控除額が変わりますが、65歳未満は60万円まで、65歳以上は年間１１０万円まで雑所得は0円となります。基礎控除が48万円あるので、年金収入だけの方は65歳未満の場合、収入１０８万円まで、65歳以上は収入１５８万円まで税金がかかりません。

配偶者も年金受給者なら、配偶者の所得が48万円以下、自分の収入が１０００万円以内の場合「配偶者控除」が受けられます。

※自治体によって異なり、所得によって9～13段階に分かれていることが多い。

●年金収入にかかる主な税金・社会保険料

【税金】

- ●所得税
- ●住民税
- ●復興特別所得税（2037年まで）

※所得によっては非課税となるものもある。
※「遺族年金」「障害年金」などは非課税。

【社会保険料】

- ●健康保険料（いずれか）
  - ❶健康保険組合、協会けんぽなど（会社員で原則75歳になるまで）
  - ❷任意継続（退職後2年は①を継続できる、原則75歳になるまで）
  - ❸国民健康保険料（原則75歳になるまで）
  - ❹後期高齢者医療保険料（75歳以上は全員こちら）
  - ❺家族の扶養に入れば保険料はなし（原則75歳になるまで）
- ●介護保険料
- ●厚生年金保険料（原則70歳になるまでの会社勤めの方）
- ●国民年金保険料（原則60歳までだが、任意加入で65歳までの自営業・フリーランス・無職の方）
- ●雇用保険料（対象者）

※所得によっては支払いが免除されるものもある。
※健康保険には他に「特例退職被保険者」（原則75歳になるまで）がある。

●公的年金等控除額の一例

65歳未満 （公的年金額130万円未満で、年金以外の所得も1000万円以下の場合）	65歳以上 （公的年金額330万円未満で、年金以外の所得も1000万円以下の場合）
60万円	110万円

65歳で年金収入が200万円のAさんの場合
200万円 － 110万円 ＝90万円（所得）
90万円×5.105％（所得税+復興特別所得税）＝ **4万5945円**

この金額は、所得税として、年金から源泉徴収される

75歳以上は「後期高齢者医療」保険に
75歳から健康保険制度が変わり、全員が「後期高齢者医療」になります。保険料は所得によって変わりますが、厚生労働省によると令和2・3年度の平均年額は7万6764円（月額6397円）です。窓口負担も1 ～ 3割と所得により異なります。

定年後、給与が3割近く減少したら？

雇用継続と再就職でもらえる2つの給付金

同じ会社に再雇用でもらえる「高年齢雇用継続基本給付金」

定年後も働き続ける場合、たいていは現役時代より収入が減少します。日経ビジネスが２０２１年１月に行った「定年後の就労に関する調査」によれば、定年後も働く人のうち、65％以上の方が同じ企業で再雇用されていますが、年収は定年前の4～6割程度に。やはり、定年後に働くという選択肢を取っても、収入減はまぬがれなさそうです。

定年後に収入が3割近く減少した場合にもらえる給付金があるので、ぜひ利用しましょう。

定年退職後に同じ会社に再雇用され、現役時代（60歳時点）の賃金より75％未満に下がった場合には、下がった割合により雇用保険から今の賃金の最大15％分を「高年齢雇用継続基本給付金」として、65歳になるまで受け取ることができます。現在、失業手当を受給していない、雇用保険に5年以上加入している期間があることが条件です。

ただ、２０２５年度には希望すれば全員が65歳まで働けるようになることや、正規雇用か非正規雇用かに関係なく、同じ仕事内容には同じ賃金を支払う「同一労働同一賃金」が浸透するという理由から、２０２５年以降、高年齢雇用継続基本給付金の給付率は半減、段階的に廃止の方向で検討されています。

失業手当を受給してももらえる「高年齢再就職給付金」

定年退職後に失業手当を受給しながら就職活動をして再就職先が決まったけれど、給与が下がる場合には高年齢雇用継続基本給付金と同様に「高年齢再就職給付金」がもらえます。ただし、**失業手当の支給残日数が１００日以上ある**ことが条件です。

受給期間は、失業手当の残り期間によって1～2年と変わります。

●「雇用継続基本給付金」と「再就職給付金」概要

	高年齢雇用継続基本給付金	高年齢再就職給付金
失業手当（基本手当）	受給していない	受給している
定年後の職場	同じ会社で再雇用（継続雇用） または別会社に再就職	別会社に再就職
月額賃金	60歳時点の賃金より75％未満に下がる	
年齢ほか条件	60歳から65歳未満かつ、60歳までに雇用保険に5年以上加入	
受給額	再雇用・再就職の賃金の最大15％ （賃金が36万4595円以上か2125円以下の場合は支給なし）	
受給期間	60歳から65歳になるまで	失業手当の支給残日数により、1年または2年（※下記も参照）
注意	「再就職手当」との併給はできない 「在職老齢年金」の一部が支給停止される場合がある	

「高年齢再就職給付金」の受給期間

失業手当（基本手当）の支給残日が、再就職した日の前日から200日以上ある場合は、再就職日の翌日から2年、再就職した日の前日から100日以上200日未満の場合は再就職日の翌日より１年です。100日未満の場合は対象になりません。

2カ月に1度、会社がある場所の管轄のハローワークに支給申請書を提出しましょう。

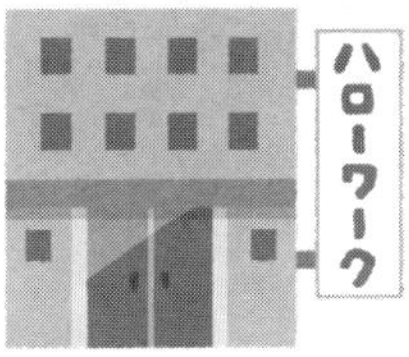

失業手当を受け取ると
60歳以降も同じ会社で再雇用として働く場合は「雇用継続基本給付金」、失業手当（基本手当）を受け取りはじめてからの再就職なら「再就職給付金」になります。いずれも賃金が25％以上下がった場合に受け取れます。

おひとりさまの年金術

単身世帯の年金の支給額は夫婦世帯の半分以下の場合も

単身世帯が増えている

最近はおひとりさまも増えているようです。2020年の国勢調査によると、いわゆる「生涯未婚」といわれる割合は、男性で約26％、女性で約16％。「ひとり暮らし世帯」は約38％です。

将来の予想を見てみると、2040年の生涯未婚率は男性で約3割、女性で約2割に達するとされています（2015年の国勢調査に基づく推計）。年金の支給額が減りつつあるのはこれまでにお話しした通りですが、そのあおりをもろに受けるのが、おひとりさま世帯かもしれません。

生活費は割高になるも女性の年金は夫婦世帯の半分以下

厚生労働省「厚生年金保険・国民年金事業年報」（令和2年度版）をもとに65歳以上の受給額を考えてみると、会社員夫婦だと平均27万9596円、自営業夫婦は平均11万5118円受け取ることができます。一方、おひとりさま世帯の場合、会社員なら男性17万391円、女性10万9205円。フリーランスや自営業の場合、男性5万9040円、女性月5万4112円です。あくまで平均値ではありますが、より一層年金だけでは心もとないことがおわかりいただけるでしょう。

一方、生活費は家族や夫婦単位と比べると割高になりがちです。4人暮らしとひとり暮らしを比較した場合、食費や光熱費などが単純に4分の1で済むというわけにはいかないからです。

そこで重要となるのが、できるだけ長く会社員として働き、厚生年金の受給額を増やす。それと同時に家計の把握と貯蓄です。2章以降でお話ししていますが、収入を増やす、支出を減らす、余った分を投資に回し増やす、の3ステップをぜひ実践してください。

離婚しておひとりさまになる予定の方は、50ページでご紹介した「離婚時の年金分割制度」を利用しましょう。

65歳以上の公的年金の平均受給額

（厚生労働省「厚生年金保険・国民年金事業年報」〔令和2年度版〕をもとに作成）

日本の世帯人数の割合

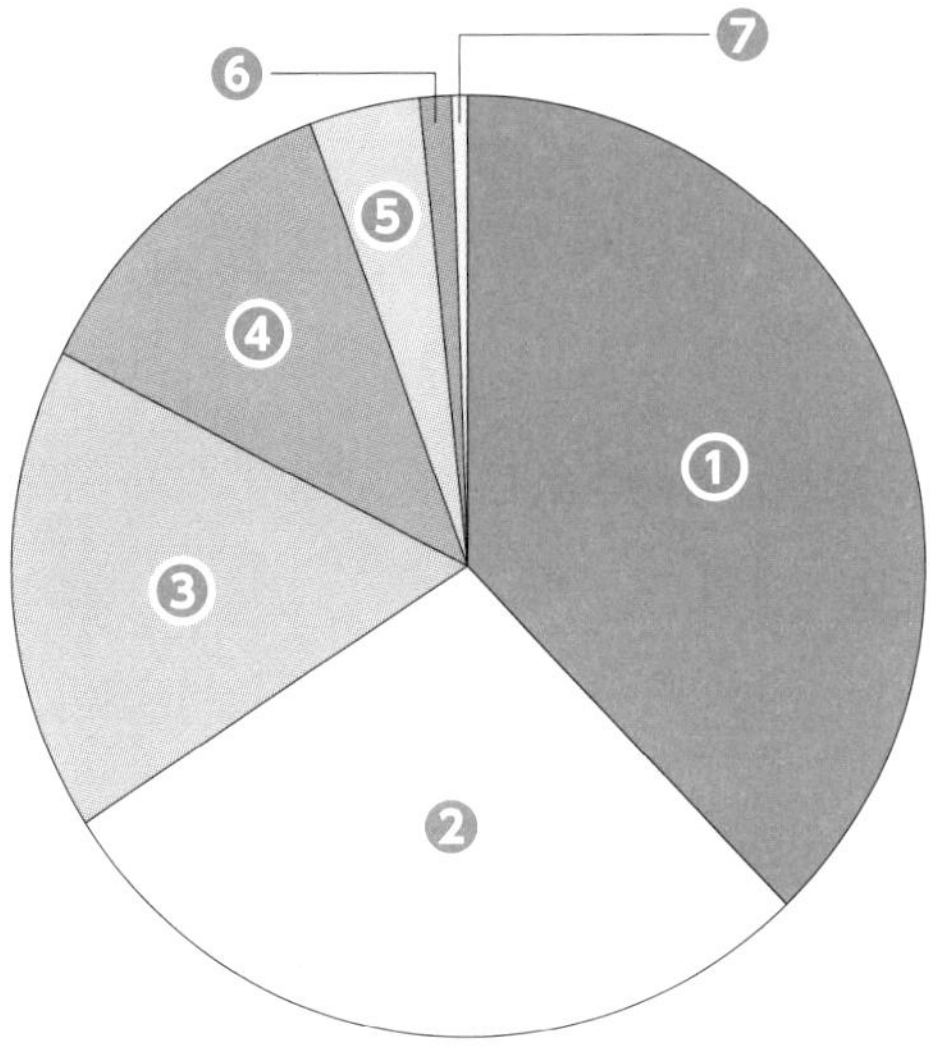

世帯総数

約5570万4949世帯に対して、単身世帯は約38％を占めている。

❶1人（単身）2115万1042世帯
❷2人 1565万6588世帯
❸3人 922万9513世帯
❹4人 662万9815世帯
❺5人 212万6291世帯
❻6人 62万9449世帯
❼7人以上 28万2201世帯

（総務省「令和2年〈2020〉国勢調査」をもとに作成）

おひとりさま世帯が増えてます

上の国勢調査の単身世帯は若い方も含みますが、離婚や死別でおひとりさまになる方や、未婚の方も多くいらっしゃいます。過去の調査での単身世帯の割合は2005年は29.5％、2010年は32.4％、2015年は34.6％と、増加傾向にあります。

専門家に相談するときの注意とコツ

年金や社会保障、保険の仕組みは、年々複雑になっているように思います。

本書でお話ししたことはあくまでも一般的なことなので、ひとり一人に合ったプランは、やはり専門家の意見を聞くのが一番だと感じています。税金のことなら税理士、法律のことなら弁護士に相談するのと同じように、年金や保険のことは、そのジャンルを得意とするファイナンシャルプランナー（FP）や社会保障に詳しい人に相談することも検討してみてください。客観的にプロの目で最適なプランを教えてくれるはずです。社会保険労務士に相談すると、年金の受け取り方や手続きなど、FPとは異なる視点で、より具体的な話を聞けるでしょう。

ここで重要なのは、「お金を払って」という点です。巷には保険の相談などで無料のものもありますが、利益率の低い商品をすすめられるケースも多いので注意が必要です。「ただより高いものはない」ということわざのように、無料には「ウラ」があることも忘れないでください。有料の相談はたしかにお金がかかりますが、学ぶことも多いですし、お金をもらっていたら専門家も曖昧なことはいえませんから、信頼できる情報を得ることができます。結果的には最適な方法を得る一番の近道になるはずです。

公的年金に関しては、日本年金機構が「年金事務所」「街角の年金相談センター」などで相談窓口を設けています。相談内容は限定されますが、無料です。

いずれにしても、すべてお任せではなく、多少の予備知識をもって相談するのがコツです。

●日本年金機構

https://www.nenkin.go.jp/index.html

公的年金の運営業務（適用・徴収・記録管理・相談・決定・給付など）を担う日本年金機構のサイトです。全国の「年金事務所」「街角の年金相談センター」などの場所も確認できます。

●ねんきんネット

https://www.nenkin.go.jp/n_net/index.html

登録すれば、自分の正確な年金額や年金記録の確認などができます。日本年金機構が運営。

●公的年金シミュレーター（試験運用中）

https://nenkin-shisan.mhlw.go.jp/

登録なしで、公的年金額のおおまかな試算ができます。厚生労働省が運営。

●わたしとみんなの年金ポータル

https://www.mhlw.go.jp/nenkinportal/

年金制度の疑問にQ＆A方式で答えています。厚生労働省が運営。

●企業年金連合会

https://www.pfa.or.jp/

企業年金に関するお問い合わせのコールセンターや、企業年金のある会社を途中退職された方の年金の確認などもできます。

●国民年金基金連合会

https://www.npfa.or.jp/

「国民年金基金」の掛け金によるシミュレーションなどができます。

●iDeCo 公式サイト

https://www.ideco-koushiki.jp/

iDeCo加入資格の状況に変化があった場合の手続きなどについても確認できます。iDeCoの実施機関である国民年金基金連合会が運営。

●NISA 特設ウェブサイト

https://www.fsa.go.jp/policy/nisa2/

金融庁のNISA特設サイトです。つみたてNISAの対象商品なども確認できます。

第2章

老後貧乏にならないために

いますぐはじめてほしいこと

今からすべき3つのこと——その1

55歳前後から収入減ははじまる!? 毎月の家計を少しでも「プラス」に

定年前から収入は下がる

収入が減るのは、定年退職後だけではありません。最近は**55歳くらいから、早いところでは50歳を過ぎると「役職定年」がはじまります**。公務員も２０２３年度から原則60歳で管理職を離れることが決まっています。部長や課長といった肩書がはずれ、役職手当がなくなる分、収入が減ります。ダイヤ高齢社会研究財団などが２０１８年に50、60代の男女を対象に行った調査によれば、約４割の方が役職定年後の年収が半分未満に、全体の９割以上の方の年収が最低でも15％以上減少しています。50代半ばまで年収６００～７００万円あった方が、50代後半にいきなり年収３００～４００万円台になることもざらにあるのです。ということは、老後に向けての暮らし方は定年退職し、年金を受給しはじめてから考えるのでは少し遅いかもしれません。できれば、**収入が減りはじめ、定年が視野に入り出した50代後半から考え出したほうがいい**といえそうです。では、何からはじめればいいでしょうか。

毎月の家計のチェックから

まずは、**「現状」を把握することからはじめましょう**。毎月生活費にいくら使っているかを知ることです。固定費〈住居費、携帯電話代、保険料、各種ローン〉、変動費〈水道、ガス電気などの水道光熱費、食費〉をおおまかでいいので調べてみましょう。

次に、現在の収入と将来得られるお金〈年金、仕事〉を見ます。役職定年で収入が減ることがわかっている場合には、それにあわせて支出も縮小しトータルで帳尻が合うよう準備をします。そして、毎月の家計を「プラス」にしていくのです。そのとき、重要なのは「食費はいくらまで」など、何にいくら使っていいか？の基準を設けることです。プラスになった分を貯めたり、投資などの「運用」に回したりしていきます。

●65歳以上の夫婦のみの無職世帯の家計収支　—2021年—

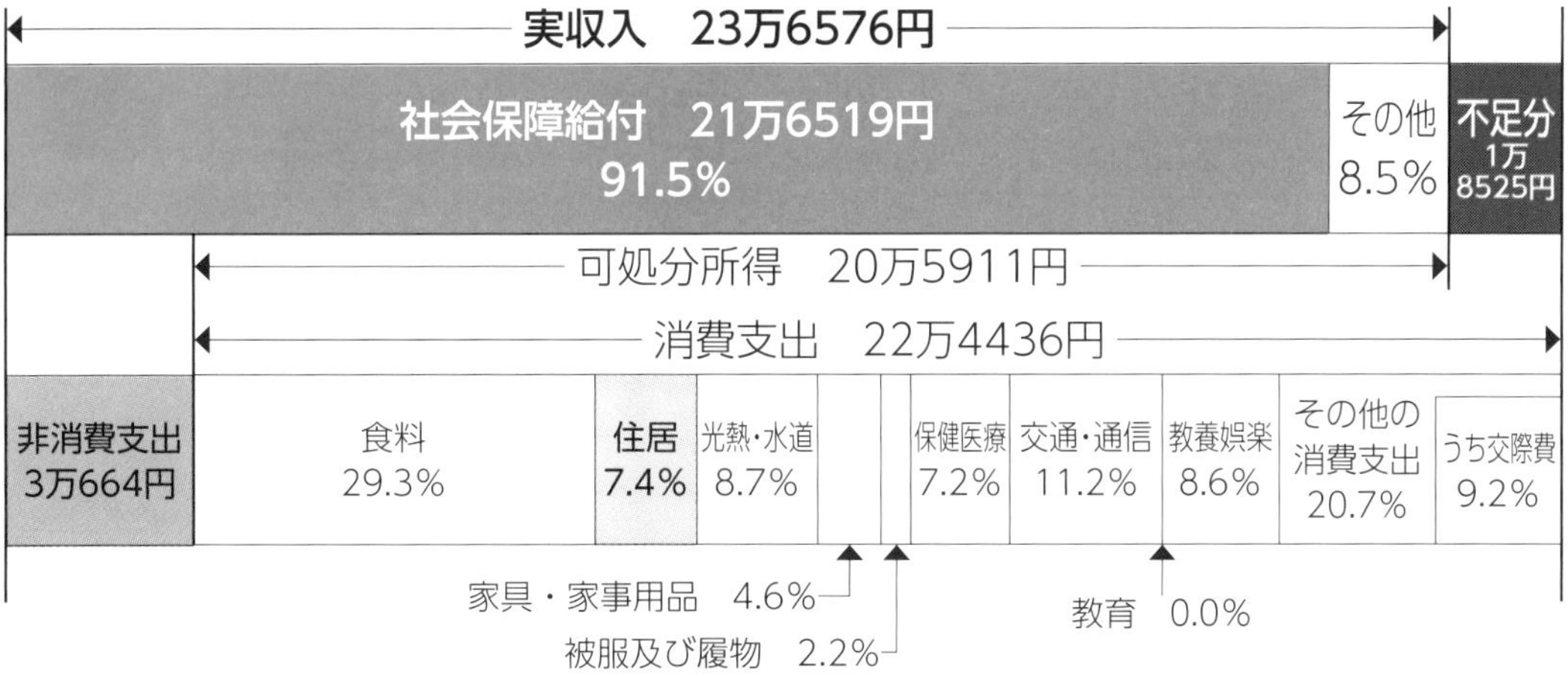

●65歳以上の単身無職世帯の家計収支　—2021年—

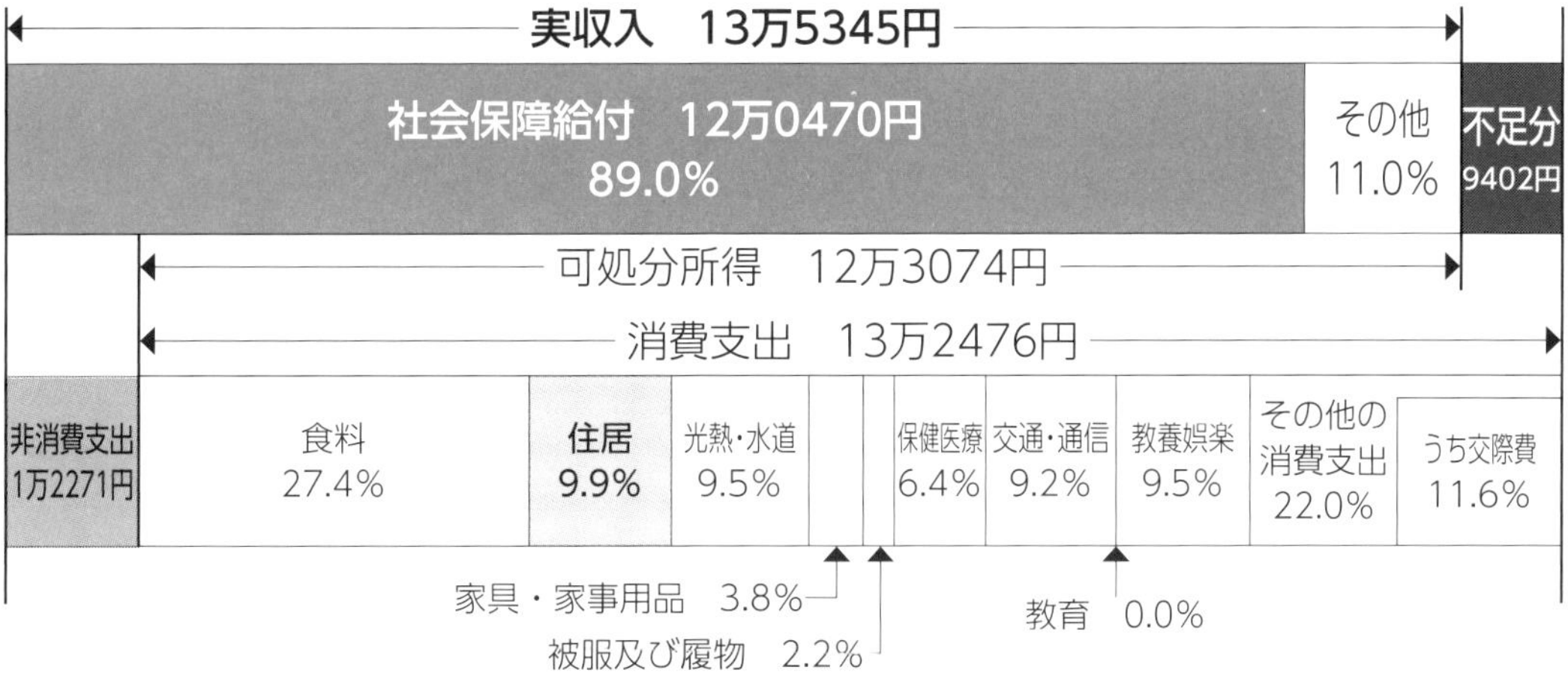

（総務省「家計調査報告書（家計収支編）令和3年」より）

「非消費支出」と「住居」

2021年は65歳以上の無職世帯はご夫婦・単身者ともに赤字に。「非消費支出」とは、税金や社会保険料などのこと。また「住居」の割合が低いのは、持ち家の方も含まれているからです。賃貸の方は、家賃なども含めて考える必要があります。

今からすべき3つのこと——その2

お金は目的に応じて3つに分けて考える

この先のお金の流れを確認する

毎月の収支を把握したら、次は生涯を通じた大きなお金の流れを見ます。できれば**「キャッシュフロー表」を作成しましょう**。家族の年齢、収入などを書き出し、子どもの入学や卒業、家のリフォーム、定年退職、年金支給開始など、生涯のライフイベントを書き出すことで、収入の増減や、大きなお金が出る時期などを把握しやすくなります。

まずは「使うお金」と「貯めるお金」をつくる

またお金は、目的に応じて3つに分けて考えます。**①毎月必要となる「使うお金」、②「生活防衛資金」として置いておき、イレギュラーに必要となった際に使う「貯めるお金」、③老後の資金として運用する「増やすお金」**です。

「使うお金」は日常生活のために使い、月の手取り収入の1・5カ月分取っておきます。0・5カ月分は支出がかさんだ場合の予備費として使います。

「貯めるお金」は、学校の入学費用や車の購入費用、家のリフォーム代、それからいつかはわからないけれど誰でも必要となる可能性の高い、病院の入院費や治療費などに使います。いざというときの少しまとまった支出に備える「生活防衛資金」としての役割を持ったお金です。手取り額の半年～1年分用意しておくといいでしょう。自営業の方には、2年分置いておくことをおすすめしています。

「増やすお金」をつくる

使うお金、貯めるお金がしっかりと用意できたら、「増やすお金」をつくります。これは投資をしてお金自身に働いてもらって、老後の資金として貯めておきます。具体的には積立投資信託で運用をするので、3年以上は手を付けないようにします。

このように、使う、貯める、増やす、の3つのお金を準備しましょう。

●キャッシュフロー表の例

年	2023	2024	2025																		
経過年数																					
(あなた)の年齢																					
(　　)の年齢																					
(　　)の年齢																					
(　　)の年齢																					
(　　)の年齢																					
ライフイベント																					
(　　)の収入																					
(　　)の収入																					
一時的な収入																					
収入合計(A)																					
基本生活費																					
住居関連費																					
車両費																					
教育費																					
保険料																					
その他の支出																					
一時的な支出																					
支出合計(B)																					
年間収支(A-B)																					
貯蓄残高																					

※本来、キャッシュフロー表を作成するときは物価上昇や運用利回りを考慮した金額を記入しますが、ここでは記入しやすいように変動率をゼロとしています。

(NPO法人日本FP協会HPより)

●目的に分けるて考える3つのお金

	内　容	目安金額	補　足
使うお金	生活費	1.5カ月分	0.5カ月分(予備費)で調整
貯めるお金	生活防衛費と3年以内に使う予定のあるお金	6カ月~1年分、自営業の方は2年分 3年以内に使う予定のあるお金	入学費用、車の購入費用、リフォーム代のほか、入院・治療費なども
増やすお金	投資に回すお金	3年以内に使わないお金 老後のお金	積立投資信託などで運用

「貯める」と「増やす」を並走する場合は？

「貯める」に時間がかかって、なかなか「増やす」に移れない場合は、2つを並走する方法もあります。ただし、その場合も「増やす」よりも「貯める」の比重を多くするなど、あくまで「貯める」が優先になります。

今からすべき3つのこと——その3

プラスになった分は「コツコツ投資」

投資はマスト

まず毎月の家計をプラスにし、使うお金、貯めるお金を準備できたら、プラス分として生み出したお金は「増やすお金」として、投資などで運用します。「投資」というと、お金に余裕のある人がするものだと思っている人もいまだにいるかもしれませんが、今や**大金がなくても少額で投資できる時代**です。投資は、余ったお金でやるものではなく、お金を生み出して行うものなのです。将来のお金をつくるためには、もはや**「投資はマスト」**だと私は思います。かつて、家計をやりくりして「へそくり」を貯めたという方もいるかと思いますが、へそくり感覚で「投資」をやってほしいのです。毎月家計をプラスにした分を投資に回すイメージです。たとえば、30歳の方が60歳になるまでの30年間に３０００万円貯めるとします。金利ほぼゼロの貯金をするなら、年間１００万円、月にすると8万３０００円必要です。かなりきついですよね。いったいどのくらいの人ができるでしょう。一方、投資の場合、年利5%で運用できたとしたら、月に3万５０００円で60歳までに３０００万円近くになる計算です（非課税）。貯金で貯める分の8万３０００円を全額投資に回したら、30年間で６９００万円（非課税）、税引き後で６０００万円ほどになる可能性がありますから、その差は大きいですよね。投資は少しずつ利益を生み出し、複利効果でどんどん大きくなります。

インフレのリスクも考える

今、世界的に進むインフレを考えたら、貯金はむしろ目減りするばかりです。**積立投信でインフレに負けない財産づくり**をしましょう。積立投信は期間が長いほうが有利なので、できるだけ早くはじめたほうがいいです。また、投資する資金を生み出す目的で定年後に働き続けるのも、モチベーションにつながっていいかもしれません。

●30歳から60歳の30年間で3000万円をつくるイメージ

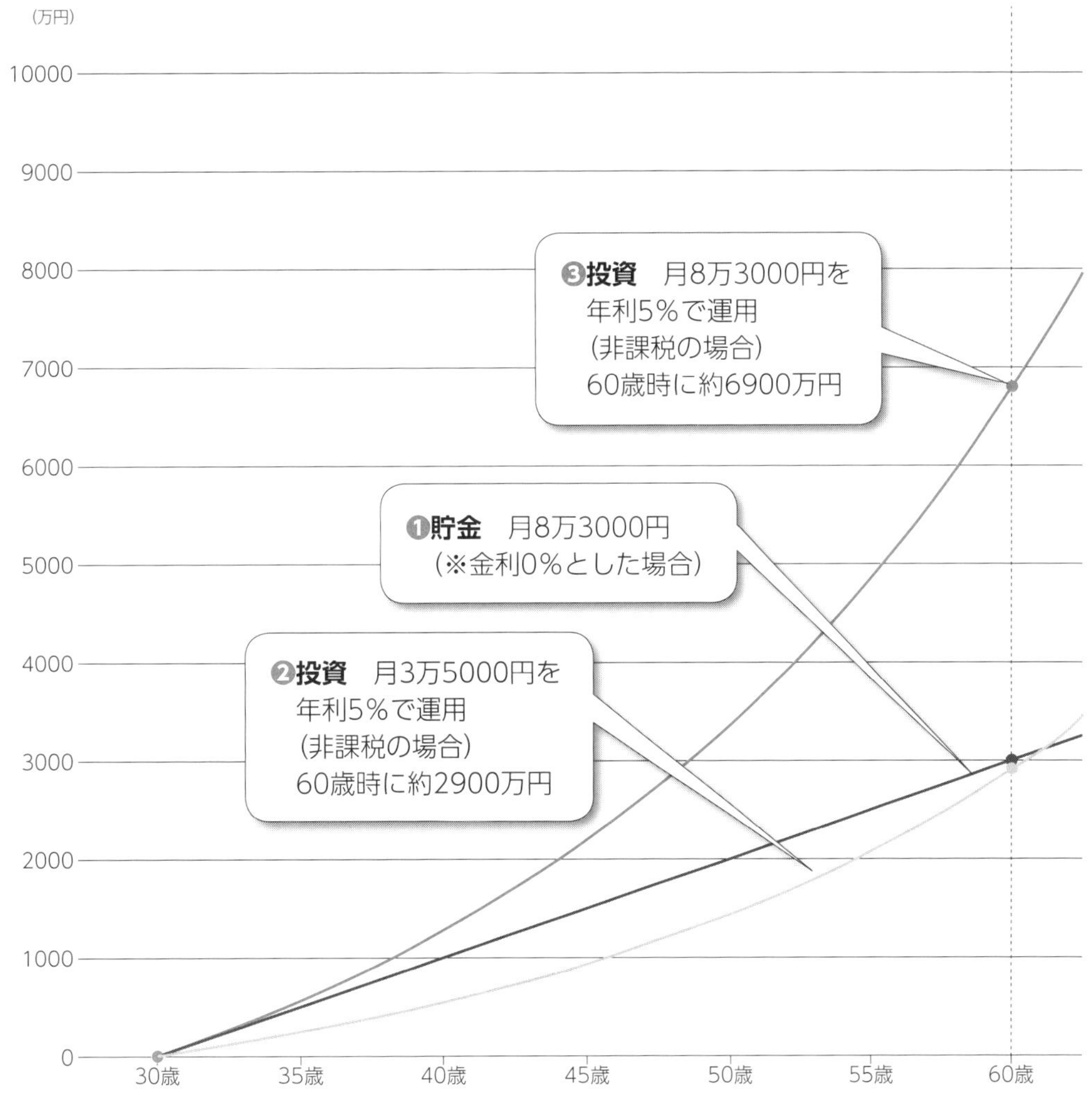

（金融庁「資産運用シミュレーション」で試算）

インフレだと貯金が目減りするわけ

インフレ（インフレーション）とは、お金の価値が下がり物の値段が上がることです。もし毎年2%のインフレが続けば、物価は20年後に1.5倍、35年後には2倍になります。今の100万円は20年後も35年後も100万円には変わりませんが、実質的な価値は67万円、50万円と下がっていることになります。

口座を開設し、「先取り投資」をしよう

投資したい金額をまず分けておく

貯金でなく「積立投信」を

２０２２年６月、政府は「国民の個人金融資産２０００兆円の約半分が預貯金なので、それを投資に回して運用しよう」という「資産所得倍増プラン」を打ち出し、預貯金を資産運用に回す仕組みづくりとＮＩＳＡの活用を訴えました。本当に所得が倍増されるかどうかはともかく、余ったお金を投資に回すのではなく、**お金を生み出して投資に回すという習慣が今後必要なのは、間違いありません。**

そのためには、ぜひ積立投信をはじめることをおすすめします。「先取り投資」をするのです。収入を得たらまず投資。文字通り投資用の資金を先取りして運用に回すのです。自動引き落としにしておけば、知らないうちに運用できるので節約のつらさも感じづらいでしょう。

リアル店舗よりもネット証券をおすすめする理由

まずは証券会社を決めましょう。ネット証券がおすすめです。手数料がリアル店舗よりも圧倒的に安いし、少額ではじめることが可能だからです。ＳＢＩ証券、マネックス証券、楽天証券、ａｕカブコム証券など多数あり、それぞれの特色があります。

たとえば、ＳＢＩ証券は住信ＳＢＩネット銀行と連携、スマホアプリが充実、ｄポイントなどのポイント投資ができます。楽天証券は楽天銀行や楽天カードと連携、楽天ポイントが貯まったり使えたりします。マネックス証券は外国株の取り扱いが充実しています。

口座開設は基本的にネットで行います。口座は基本的に「特定口座」※「源泉徴収なし」を選択しましょう。**運用方法には、「アクティブ型」と「インデックス型」がありますが、「インデックス型」で。**株式の割合は国内と海外50：50を基準に、リスクをどれだけ取れるか？で考えます。最近は米国株式など、海外比率を高めにすることをおすすめしています。

※「特定口座」（課税口座）は、証券会社が確定申告の際に必要な書類を作成してくれる。また「源泉徴収なし」では自分で確定申告を行うが、運用益が20万円未満は確定申告が不要。

●投資信託の仕組み

投資信託は、投資家から集めたお金を１つの大きな資金としてまとめ、それを運用の専門家であるファンドマネージャーが、国内外の株式や債券、不動産などに投資・運用する金融商品のことです。

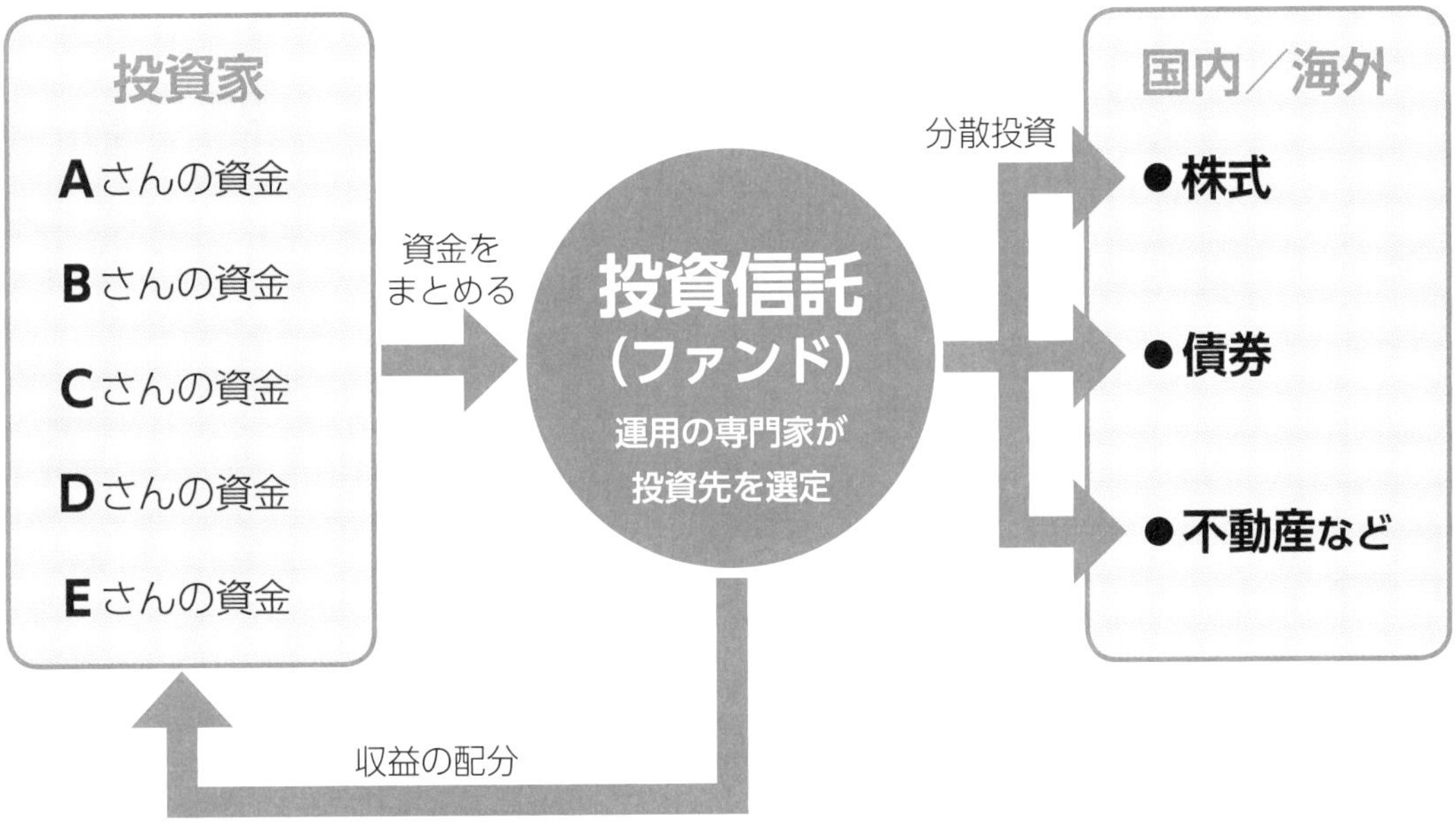

●投資信託の主なタイプ

	インデックス型	アクティブ型
運用方針	日経平均株価、東証株価指数、ダウ平均、S&P500など、市場の指数（インデックス）を目指す	市場の平均以上の運用成績を目指す
メリット デメリット	購入手数料や信託報酬が安い 購入手数料が無料のものもある	大きなリターンを得られる可能性がある 購入時の手数料や信託報酬は高め

「インデックス型」をおすすめする理由

アクティブ型は市場の平均以上の成績を目指すため、当たれば大きいです。しかし、手数料も高く、その分利益が吸収されてしまいます。その点、インデックス型は手数料が安く、「ノーロード」という購入手数料が無料の商品もあります。長期の運用には手数料が低いことはとても重要です。

50代、60代からの積立投信

ローリスクで確実にお金を増やす方法を

投資には「時間」が必要 最低10年は見てほしい理由

「年を取ってからの投資はあまりおすすめしない」という話も耳にしますが、あまり早くから守りに入るのもキケンです。50代、60代でも遅くないので、ぜひ積立投信をはじめましょう。ただし一点だけ注意が必要です。**投資は「時間」が強い味方になり、時間をかければかけるだけ、複利の効果で利益が雪だるま式に膨らんでいきます。**最低でも10年は見てほしいと伝えていますが、それは途中で大恐慌が起こっても時間が解決してくれることが多いし、多少評価額のアップダウンが激しくても、時間とともに必ず右肩上がりに推移していくからです。しかし、50代、60代になってくると、時間も少なくなってきますから、40代までとは方法を変える必要があります。**リターンよりもリスク重視。**短期間で堅実に増える方法を取ったほうがいいでしょう。

時間を味方にできないなら「債券」という選択を

もし期間が10年もない、という場合には、「債券」を組み込んでいくのもひとつの手です。投資には、株式投資や債券投資などがあります。債券は、国や企業が投資家にお金を借りる「借用証書」のようなもの。国が発行する「国債」のほか、地方債、社債などがあります。一定期間ごとに決まった利息を受け取ることができ、満期になると投資額が全額返還されます（償還）。もらえる利息の割合は購入時に確定しているので、元本が保証されています。国債などは国が発行していますから、倒産の心配もまずありません。個人向け国債は最低０・０５％の金利が保証されていますから、銀行の普通預金よりは高いですね。

債券の投資信託のおすすめ商品はｅＭＡＸＩＳ　Ｓｌｍｅやたわらノーロードシリーズの国内債券、先進国債券などです。

※おすすめした商品は、必ずしも値上がりを保証するものではありません。個人の判断でお求めください。

●株式と債券の主な違い

	株式	債券（国債・社債）
発行元と目的	企業がお金を調達する際に発行	国や企業がお金を借りる際に発行
購入目的	投資家は「株」を購入することで、企業に出資する（出資者＝企業のオーナーになる）	投資家は「債券」を購入することで、国や企業にお金を貸す
メリット	●配当を受け取ることができる ●売買することで大きく利益を得ることができる ●自由に売買できる	●満期になるまでの間、定期的に利子を受け取ることができる ●原則、満期になれば払い戻される ●預貯金よりも金利が高い場合が多い
リスクほか	株価の元本割れ、企業の倒産や上場廃止など、債券に比べるとリスクは高い	満期前に売ると元本割れする可能性や債務不履行の可能性もあるが、基本的にリスクは低い
金利との連動	金利が上がると株価も上がる	金利が上がると債券価格は下がる

単利のイメージ

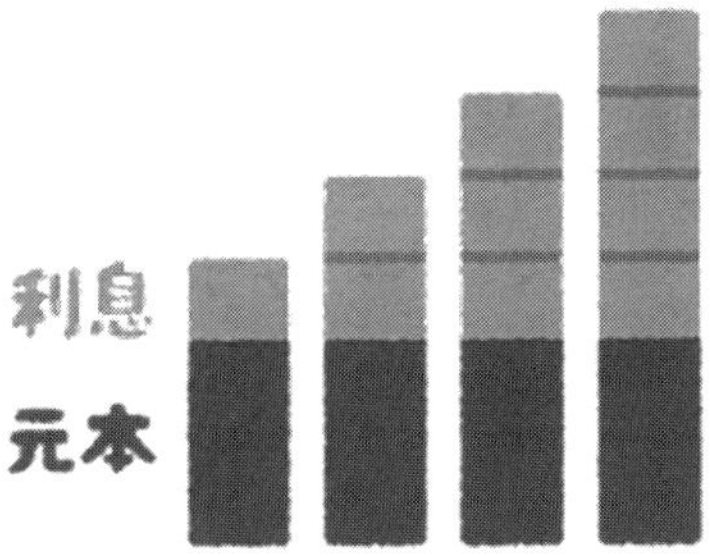

複利のイメージ

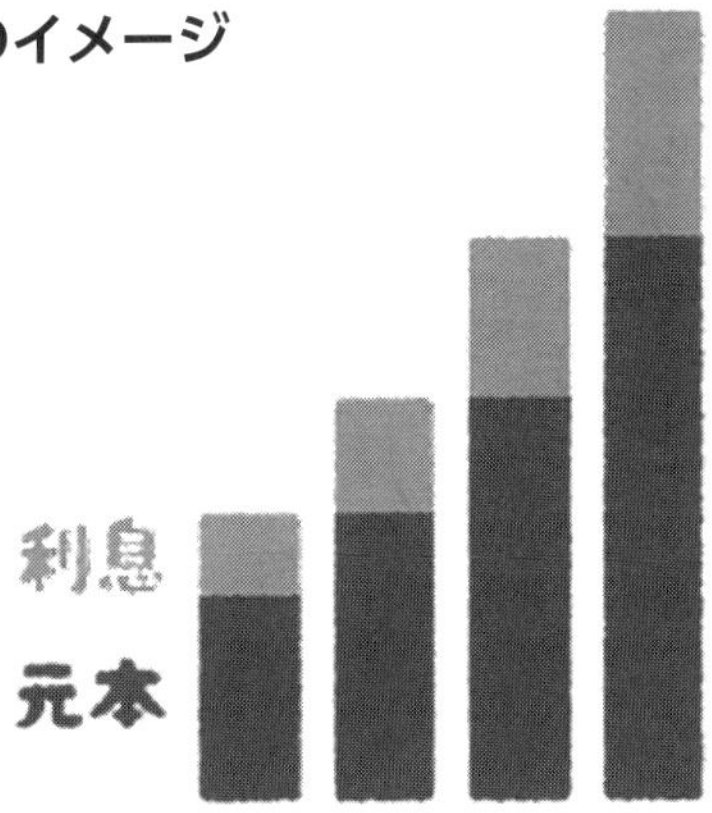

「複利」の効果は後半に

投資信託は、運用で得た利益を再投資しながら膨らんでいく複利の商品です。利益（利息）を含めたものが次の年の元本になります。元本が大きくなるため、増えるスピードも加速します。時間をかければかけるほど複利で得られる効果が大きくなるのです。

今加入している生命保険を見直してみる

不動産の次に高い買い物といわれる生命保険、どこまで必要？

トータル支払い額を考える

「いざというときに必要かも」と、よくわからずに加入している方が意外と多いのが**生命保険**です。

保険は損をする確率が圧倒的に高い金融商品のひとつで、人生のなかで不動産の次に高い買い物ともいわれています。毎月淡々と払い続けているとわかりにくいですが、長期にわたって払い続けるので、トータル金額を見ると大きな額になることがわかります。

たとえば30歳から85歳の55年間に保険料を月２万円支払っていたら、トータルで１３２０万円です。厳密にいうと、買い物ではありませんし、万一の保障なので単純に「高いからダメ」というわけではありません。ただ、よくわからず加入しているのはもったいないです。

たとえば、月５００円ほどであってもその方には不要だと思える特約を付けていることがあります。月単位で見ると、コーヒー一杯分程度ですが、55年で考えると33万円にものぼります。決して小さくない額です。

不要な保障であれば、その分を貯蓄し、**目的や必要に応じて臨機応変に利用できるお金**として持っていたほうがいいのではないでしょうか。

保障には３つの役割がある

生命保険には「医療保障」「死亡保障」「貯蓄性」の３つの役割があります。「医療保障」でいえば、入院、手術の保障やガンを含む三大疾病の保障などがあります。その必要性は家族構成や貯金状況によっても異なります。

自分にとって必要な保障は何か？　しっかりと自分軸で考えることで、ムダな保険料の削減にもなるはずです。

●障害年金と支給額（令和4年度）

	重い	⇔	軽い	
	1級	2級	3級	
厚生年金	**障害厚生年金1級** 老齢厚生年金×1.25	**障害厚生年金2級** 老齢厚生年金額	**障害厚生年金3級**※ 老齢厚生年金額	**障害手当金**※
厚生年金	配偶者の加給年金	配偶者の加給年金		
国民年金	**障害基礎年金1級** 97万2250円	**障害基礎年金2級** 77万7800円		
国民年金	子の加算	子の加算		

厚生年金加入者が障害1級・2級の認定を受けた際には、障害基礎年金＋障害厚生年金の両方を受け取ることができます。


障害年金は、病気やけがによって生活や仕事などが制限されるようになった場合に、現役世代の方も含めて受け取ることができる年金です。

障害年金には、「障害基礎年金」「障害厚生年金」があり、病気やけがで初めて医師または歯科医師（以下「医師等」といいます）の診療を受けたときに国民年金に加入していた場合は「障害基礎年金」、厚生年金保険に加入していた場合は「障害厚生年金」が請求できます。

なお、障害厚生年金に該当する状態よりも軽い障害が残ったときは、障害手当金（一時金）を受け取ることができる制度があります。

また、障害年金を受け取るには、年金の保険料納付状況などの条件が設けられています。


（日本年金機構「障害年金ガイド」令和4年より）

その他

- 障害厚生年金の「配偶者の加給年金」は、その人に生計を維持されていた65歳未満の配偶者に、22万3800円加算（前年の年収が850万円未満などの条件あり）
- 配偶者が65歳になったときは、配偶者の老齢年金に振替加算される
- 障害基礎年金の「子の加算」は、2人目までは1人につき22万3800円、3人目以降は7万4600円
- 子は18歳の年度末まで、障害がある場合は20歳未満
- 障害年金は非課税

※障害厚生年金3級の最低保障額58万3400円
※障害手当金は、一時金（老齢厚生年金×2年分）で、最低保障額116万6800円

公的年金の社会保障なども考える
公的年金には、「老齢年金」のほかに「遺族年金」（46ページ）や「障害年金」（上図）もあります。これらや高額療養費制度があることをふまえたうえで、今の保険に入りつづけるか、見直してその分を貯蓄に回すかを考えてみるのもいいでしょう。

50代から医療保険に入ったほうがいい？

健康に自信がなくなってきた今、加入や見直しで注意すべきこと

50代からの医療保険の見直しについて

「健康に自信がなくなってきたし、大病したときのお金が心配だから、やっぱり医療保険に入っておかないと」と、50代になってから新規加入を考える方や、不安だからこそ見直しに抵抗のある方もいらっしゃると思います。

厚生労働省の「患者調査」（令和2年度版）によれば、平均的な入院日数は33・3日。年齢別に見ると、65歳以上がもっとも日数が多くて50日近くになります。入院費用の平均は、1日2万3332円、入院時の自己負担額は平均20・8万円というデータもあります（生命保険文化センター「生活保障に関する調査（令和元年度）」）。

そう聞くと心配になるかもしれませんが、結論からいうと、心配し過ぎる必要はありません。なぜなら、高額療養費などの制度があるからです。

また50歳を過ぎると、月々の保険料はグンと上がり、場合によっては割高になる可能性があります。**新規加入するにしても持病や既往症がある方や、過去に入院したり、手術を受けたりしたことがある方だと告知内容によっては条件がつくこともあります。**

通常の医療保険よりも加入条件が緩い「引受基準緩和型保険」という保険もありますが、告知項目が少なく引受基準が緩和されている反面、保険料が割高です。

一方で、今加入している医療保険が段階的に金額が上がる「更新型」や、保険期間が80歳や85歳までと期限付きの「定期保険」であると、今は保障が手厚くても更新時に保障を削減することになったり、老後に保障がない期間が生じたりすることになるので注意が必要です。**保険料を払い続けても、給付金を1円ももらわない可能性もあります。**

50代からの医療保険の見直しは、自分にとって必要な保障と保険料が見合うかを慎重に判断しましょう。

●高額療養費制度の概要

家計に対する医療費の自己負担が重くなりすぎないよう、1カ月の医療費が限度額を超えると、一部を払い戻してもらえる制度。

対象者

医療機関や病院の窓口で1カ月（1日〜末日）に支払った金額が、限度額を超える人

対象となる医療費

健康保険の対象となる診療

※自由診療、保険外の治療、入院時の差額ベッド代や食事代などは対象外

その他

- 自己負担の限度額は年収と年齢（69歳以下と70歳以上）によって異なる
- 受診の翌月から2年以内に申請が必要

※1つの医療機関で限度額を超えないときも、別の医療機関との合算ができる場合がある

※ひとり1回分の窓口負担が上限額を超えないときも、複数の受診や同じ世帯での受診との合算（世帯合算）ができる場合がある

※12カ月で3回以上、上限額に達した場合、4回目から上限額が下がる（多数回該当）場合がある

（厚生労働省HPを元に作成）

【69歳以下の方の1カ月の限度額】

年収区分	上限額（世帯ごと）
約1160万円以上	25万2600円＋(医療費−84万2000)×1％
約770万〜約1160万円	16万7400円＋(医療費−55万8000)×1％
約370万〜約770万円	8万100円＋(医療費−26万7000)×1％
約370万円未満	5万7600円
住民税非課税者	3万5400円

【70歳以上の方の1カ月の限度額】

※年収約370万円以上は69歳以下と同じ

年収区分	外来（個人ごと）	上限額（世帯ごと）
約370万円未満	1万8000円（年14万4000円）	5万7600円
住民税非課税世帯	8000円	2万4600円
住民税非課税世帯（年収80万円以下など）		1万5000円

保険50％の考え方

それでも医療保険に入らないと心配という方には、保険50％という考え方もあります。保険で100％まかなおうとすると毎月の保険料は高くなります。保険では医療費の半分を補えればよいと考えて、保障を半分にして保険料を下げ、残りは貯蓄にまわすというものです。

老後資金を待ち受ける「甘いワナ」に注意

金融機関が狙う退職金、贈与もよく考えて

おいしい話には裏がある

退職金の平均金額は、大企業の場合、大卒２２３０万４０００円、高卒２０１７万６０００円。中小企業の場合、大卒１１１８万９０００円、高卒１０３１万４０００円です。大きなお金が動くとなぜか銀行や証券会社からよく「資産を運用しませんか?」という勧誘の電話がかかってくるようになります。また、大金を手にしたことでつい気が大きくなり、リスクの高い投資商品にドカンと投資して痛い目にあうのもよく聞く話です。おすすめといわれる商品は、私たちにとっておすすめというより、**銀行や証券会社にとっておいしい金融商品**であることが多いので、くれぐれも注意しましょう。

非課税の一括贈与は慎重に

また、「孫の教育費に」と、老後資金の一部を一括贈与する方もいます。たしかに、学費や塾、習い事の費用などの教育資金を一括で贈与した場合、１５００万円まで非課税になる**教育資金の非課税贈与制度**もあります。けれど、自分たちの老後資金はきちんと取り分けておきましょう。孫にあげすぎたために自分たちの老後の資金が足りなくなり、後で返してもらうことになった方もいるからです。もともと自分のお金なのに、一度孫の手にわたったことでその方は「贈与税」を支払う羽目になりました。

贈与税は1年間にもらった財産の合計から基礎控除１１０万円を引いた金額に税率がかかります。たとえば、基礎控除後の金額が４００万円以上だったら、20%課税され、控除額を差し引いても、自分のお金を取り戻すために税金50万円を支払わなければいけないことになります。もったいないですよね。

もちろん、お孫さんに資金をあげるのはいいですが、その前にまず自分たちが**これから先、いくらお金が必要か?** 毎月いくら支出するのか? などを事前に把握しておく必要があります。

●結婚・子育て資金に関する一括贈与の非課税制度の概要

祖父母や両親（贈与者）が18歳以上50歳未満の子や孫（受贈者）に、子や孫名義の金融機関の口座などを介して、結婚や子育て資金を非課税で渡せる制度。

適用期限

令和５年３月31日まで

非課税金額

子や孫ごとに1,000万円まで

※結婚資金に関しては300万円まで

※贈与などを受けた年の前年分の受贈者（子・孫など）本人の合計所得金額が 1,000万円を超える場合には、制度の適用不可

使用用途

◉**結婚関係**

婚礼、家賃、引越しに係る費用

※婚姻の日の1年前の日以後に支払われるものなどの条件あり

◉**妊娠・出産、子育て関係**

妊娠、不妊治療、出産、産後ケア、子の医療費、子の育児に係る費用

※未就学児までが対象

その他

- 期間中に贈与者が死亡した場合には、残高を祖父母や両親（贈与者）の相続財産に加算
- 子や孫（受贈者）が50歳到達時に終了。残高は贈与税課税

（内閣府HPを元に作成）

「退職金」などまとまったお金の投資はNG

投資初心者が陥りやすい落とし穴のトップ3の１つが、「まとまった資金を一気に投資」してしまうことです。まとまったお金を入れたほうがより大きく儲かるのではないか？　という心理によるものですが、多くの場合は失敗します。落とし穴の残り2つは「投資信託商品を5年未満で手放ししてしまう」「貯金がないのに投資に走る」です。

家族や夫婦で「お金の話」をしよう

家族の理解なくして、老後は乗り切れない

50代は夫婦で家計を合わせる最後のチャンス

厚生労働省の「２０１９年国民生活基礎調査の概要」によれば、高齢者世帯では1世帯あたりの平均貯蓄額は１２１３万２０００円だそうです。年齢別に見ると、40代が６５０万９０００円、50代１０７５万４０００円、60代が１４６１万７０００円、70歳以上は１２３３万５０００円となっています。意外と多いと感じる人もいるのではないでしょうか。

一方、貯蓄がゼロという世帯も全体の13・4％、高齢者世帯は14・3％います。

最近は**共働き夫婦も多いですが、お互いの収入や貯金額を知らないことも多々あるようです。家計が夫婦別々の場合、どこかで一度家計を合わせる必要があります。**最初のタイミングは結婚するとき。そのあとは子どもができたとき、マイホームを購入するときなど、大きなお金が動くときです。それらを逃すと、次は老後の暮らしを考えはじめた50代後半から60代手前の頃まで機会がなくなってしまいます。年金のひとりあたりの支給額が年々減ってきていることから、夫婦で支え合ってまとまったお金をつくることが重要ななか、**お互いのお財布の中身を知らなくては具体的な案も出せない**ですよね。あるご夫婦は私のところに相談にいらっしゃるタイミングで「あなた、本当はいくら貯蓄あるの？」と話を切り出していました。ぜひ夫婦に限らず、家族でオープンにお金についての話をしましょう。

今、お互いに貯蓄はいくらあり、今後何に、どのくらいの費用がかかるか？を共通認識として知っておくだけでも、お金に対する意識は変わってくるはずです。

ただ、夫婦で経済感覚に温度差がある場合には、少し注意が必要です。もし相手が「お金はあったら使うタイプ」であるなら、貯蓄額は少し控えめに伝えるほうがいいかもしれません。

●世帯主の年齢（10歳階級）別に見た 1世帯あたり平均貯蓄額―平均借入金額

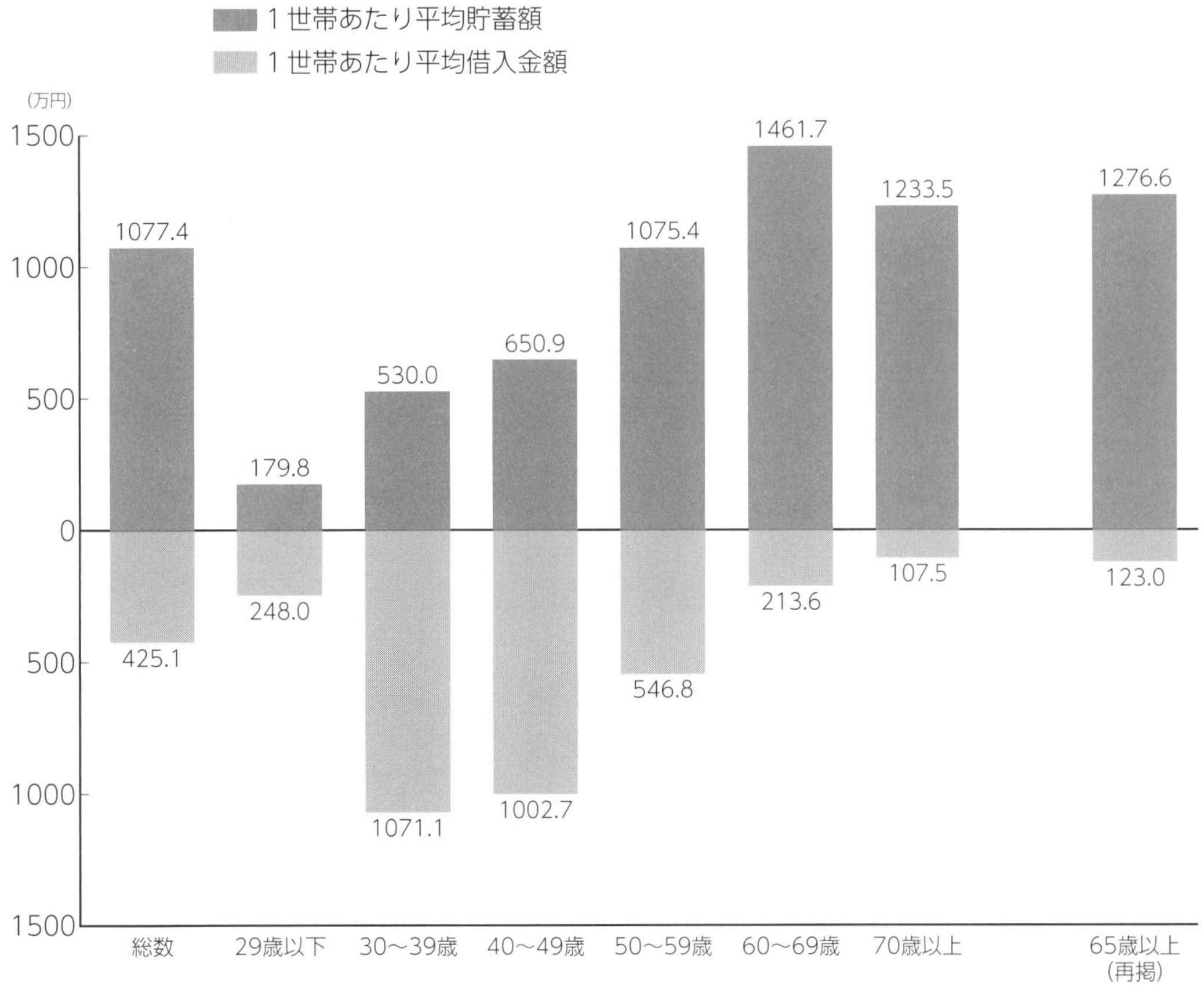

（厚生労働省「2019年国民生活基礎調査の概要」より）

貯蓄の増減状況の調査では、前年と比べて貯蓄が減ったと回答しているの人は60歳以上で4割強。減額理由として「日常の生活費への支出」がもっとも多い。

あるご夫婦の話

妻が家計をやりくりして一生懸命お金を貯めているのに、妻からその貯蓄額を知らされた夫が、「そんなにお金が貯まっているなら、旅行しよう！」と言い出したという話もあります（苦笑）。相手のタイプによっては、金額や見通しは控えめに伝えるほうがよいこともありそうです。

横山光昭（よこやま・みつあき）

家計再生コンサルタント、株式会社マイエフピー代表。

2001年から2万1000件を超える家計を再生してきた“現場屋”として、個別家計相談を業としている。お金の使い方そのものを改善する独自のプログラムが好評で、家計の問題の抜本的解決と、ゆとりある家計づくりが得意。借金に悩む人も、貯金、資産形成を目指せるサポートをしている。各種メディアへの執筆・講演も多数。著書は90万部を超える『はじめての人のための3000円投資生活』や『年収200万円からの貯金生活宣言』を代表作とし、著作は167冊、累計373万部となる。

個人のお金の悩みを解決したいと奔走するファイナンシャルプランナー。

株式会社マイエフピー　https://myfp.jp/

編集協力……柴田恵理
株式会社マイエフピー
カバーデザイン……井上祥邦（yockdesign）
本文デザイン・DTP・図版作成……有限会社ゼスト、Studio Blade（鈴木規之）
人物イラスト……坂木浩子
校正……株式会社聚珍社

【図解】日本一やさしい　年金の正解

2022年12月18日　第1刷発行

著　　者　横山光昭
発 行 人　松井謙介
編 集 人　長崎 有
編集担当　早川聡子
発 行 所　株式会社ワン・パブリッシング
〒110-0005　東京都台東区上野3-24-6
印 刷 所　共同印刷株式会社

【この本に関する各種お問い合わせ先】
内容等については、下記サイトのお問い合わせフォームよりお願いします。
https://one-publishing.co.jp/contact/
不良品（落丁、乱丁）については　Tel 0570-092555
業務センター　〒354-0045　埼玉県入間郡三芳町上富279-1
在庫・注文については書店専用受注センター　Tel 0570-000346